总主编◎刘德海

人文社会科学通识文丛

关于**东汉王朝**的100个故事

100 Stories of the Eastern Han Dynasty

江 辉 ◎ 著

南京大学出版社

图书在版编目(CIP)数据

关于东汉王朝的100个故事 / 江辉著. —— 南京：南京大学出版社，2018.9(2022.4重印)
(人文社会科学通识文丛 / 刘德海主编)
ISBN 978-7-305-20998-7

Ⅰ. ①关… Ⅱ. ①江… Ⅲ. ①中国历史－东汉时代－通俗读物 Ⅳ. ①K234.209

中国版本图书馆CIP数据核字(2018)第225959号

出版发行　南京大学出版社
社　　址　南京市汉口路22号　　邮　编　210093
出 版 人　金鑫荣

丛 书 名　人文社会科学通识文丛
总 主 编　刘德海
副总主编　汪兴国　徐之顺
执行主编　吴颖文　王月清
书　　名　**关于东汉王朝的100个故事**
著　　者　江　辉
责任编辑　崔智博　官欣欣

照　　排　南京南琳图文制作有限公司
印　　刷　常州市武进第三印刷有限公司
开　　本　787×960　1/16　印张14.25　字数259千
版　　次　2018年9月第1版　2022年4月第2次印刷
ISBN　978-7-305-20998-7
定　　价　40.00元

网址：http://www.njupco.com
官方微博：http://weibo.com/njupco
官方微信号：njupress
销售咨询热线：(025) 83594756

* 版权所有，侵权必究
* 凡购买南大版图书，如有印装质量问题，请与所购
  图书销售部门联系调换

江苏省哲学社会科学界联合会
《人文社会科学通识文丛》

总 主 编 刘德海

副总主编 汪兴国　徐之顺

执行主编 吴颖文　王月清

编 委 会（以姓氏笔画为序）

　　　　　　王月清　叶南客　朱明辉　刘伯高

　　　　　　刘宗尧　刘德海　许麟秋　杨东升

　　　　　　杨金荣　吴颖文　汪兴国　陈玉林

　　　　　　金鑫荣　周长胜　周锦南　房学明

　　　　　　赵志鹏　倪郭明　徐之顺　潘法强

选题策划 吴颖文　王月清　杨金荣　陈仲丹

　　　　　　王　军　朱建波　刘　洁　葛　蓝

　　　　　　郑天竹

前言

三国蜀《后汉书》是南北朝时南宋人范晔所著。虽然在范晔著《后汉书》之前,已经有好几个版本的《后汉书》问世,不过受连年战乱的影响,保留下来的书籍史料并不多。于是范晔集百家观点并以班固的《汉书》作为蓝本,写成了《后汉书》。

范晔本人思想开明、进步,在《后汉书》的写作方式上虽以班固的《汉书》为主要参考,但不像班固那般以正统形式记载。另外,范晔生活在一个骈文逐步兴盛的时代,而史汉的优良传统也并未中断,因此,《后汉书》的语言是融骈散于一炉。从梁启超建议"读史自《后汉书》为始"这点来看,就足以证明《后汉书》的语言特色了。

除了写作手法较有特色外,范晔在思想上亦与其他史学家有所不同。他敢于揭发和抨击封建统治者的暴政以及腐朽的行为,如在宦官和外戚等人的列传中,采用了批判的方法,尽情地予以揭露;而在党锢、独行、逸民列传中,则对那些高风独行之士采用歌颂的方法。另外,在书中的排列和分章上,他也改变了史书那种专为帝王将相立家谱之风气,不能不说是一个很大的进步。

从文学方面来看,《后汉书》的成就也很高。范晔在自序中很自豪地说:"详观古今著述,班氏最有高名。""吾书'博瞻不可及之,而整理未必愧也'。"这里他明确说明,他的书不如班书博大深远,但在文字方面却不比他差。虽然此话未免有些不够谦逊,但从实际来说,也确是如此。接着他又说:"吾杂传论,皆有精意深旨。循吏以下诸序论,笔势纵横,实天下之奇作。其中合者,往往不减《过秦论》。方班氏所作,非是不愧而已。赞是吾文之杰思,殆无一字空设,且奇变不穷,自古体大而思精,未有此也。"上述之话,说明范晔对此书很满意。事实上也基本确如其所言,他的书和班书大体处在伯仲之间。

《后汉书》在论的方面,确实写得好。由于作者思想开明,不受拘束,写作纵横捭阖,大气磅礴。其文如行云流水,读之深有玩味,给人一种美的感受,不像班固那样谨慎小心,过于拘谨。所以他自诩是"无一字空设",这也不是虚言的。由此种种,范书问世以后,逐渐取代他书,与《史记》《汉书》及陈寿的《三国志》合称"前四史",并一直流传于世。

而对于这样一本具有传承性的史书来说,在当今的快节奏阅读习惯下,人们未必能够仔细品读之。故此,作者从全书中甄选出一百个重要的故事,这些故事无论是对历史知识的了解还是闲余生活的调剂都是有益的。这也是《后汉书》在21世纪的另一种意义。

自序

两汉时期，无论是西汉的汉高祖刘邦，还是东汉的光武帝刘秀，都是以普通身份一步步建立帝国的。虽然东汉初期也呈现过短暂的盛世景象，但是比起西汉终归是差了很多，且东汉在光武帝、明帝、章帝三朝过后，就陷入了外戚、宦官专权，内部权力斗争之中，直到灭亡都没有再出现一个像样的皇帝。

有人说，东汉是个悲情的王朝，因为前有西汉的壮丽，后有三国的耀眼，整个东汉完全被这一头一尾给掩盖了；也有人说，东汉的政治是历史上最混乱的政治，外戚与宦官轮流把持朝政，皇帝一个个都沦为傀儡，党锢之争搞得朝廷乌烟瘴气。其实追根究底，东汉王朝的开国名将马援说得很对：光武帝刘秀之所以不及汉高祖刘邦，是因为刘秀凡事都循规蹈矩，而刘邦并没有太多束缚。也因此，刘邦建立西汉，可以穷兵黩武，消耗国力去达成自己的目的。这直接促成了后来汉文帝和汉景帝的"文景之治"，到了汉武帝时期形成了辉煌盛世。可是刘秀却做不到，这并不是因为他的才华和身边人才的欠缺，而是因为刘秀对"仁爱"十分推崇。在中庸的发展之路上，他所创造的开国盛世，在接下来的明帝、章帝两朝过后，就显得后劲不足了。

就东汉王朝的衰弱，在整段历史期间，无论是开国功臣"云台二十八将"，还是太后外戚政治，抑或是中后期的宦官专权，究其根本原因，可能还是要从开国之君刘秀的性格来看。虽然，刘秀并不像秦始皇或刘邦那般斩杀功臣，可是他也在某种程度上限制了开国功臣们的权力。朝廷缺乏有力的大臣，三公没有匡扶作用，大将军又不足以震慑内外，加上重文轻武，结果自然是有人想谋夺权力。

即使这般东汉的科技仍然很先进，这在当时的政治环境下是很难得的，尤其是科技上出现了造纸术的改进、九章算术、地动仪、浑天仪等。

对于一个存在过两百多年的王朝来说，无论怎样评价它都无法准确地记录曾经发生的事情。只有一段段故事留给后世，供后人思考与借鉴。

　　这本书里，不但有我自己对东汉历史的认识，也有一部分是从历史中领悟出的道理。希望有人能从这一百个故事里看到一个王朝的兴衰成败，这也就足够了！

目 录

前言 ·· 1

自序 ·· 1

第一章　历史洪流中的帝王 ··· 1

"庄稼汉"的逆袭人生——光武帝舂陵起兵 ·· 2
抽签得来的好运——刘盆子称帝 ·· 4
皇帝不是好当的——公孙述兵败族灭 ·· 6
好母生好儿——尊重师长的汉明帝 ·· 8
写得一手好字——汉章帝独创"章草" ·· 10
外戚手里难夺权——汉和帝的自治之路 ·· 12
不满周岁的百日皇帝——汉殇帝因此得名 ·· 14
父凭子贵——被废太子遭诬陷 ·· 16
唯独成全父亲——内忧外患的汉安帝 ·· 18
阎显兄妹的政治秀——汉前少帝自身难保 ·· 20
宦官的傀儡——汉顺帝的屈从 ·· 22
两岁能执政？——汉冲帝的黄泉路 ·· 24
此跋扈将军也——汉质帝童言无忌 ·· 25
厕所政变为红颜——汉桓帝为爱诛权臣 ·· 27
皇帝也做不了主——汉少帝无法自主的人生 ······································ 29
末代皇帝落难记——献帝不甘做傀儡 ·· 31
别开生面的送别仪式——学驴叫的曹丕 ·· 33

第二章　开国与守成中的武将文臣 ·· 35

只动口舌不动刀兵——岑彭劝降朱鲔 ·· 36
躲不过的对手——延岑投降灭族 ·· 38

将军还是好厨子——冯异与刘秀的好交情 ………… 40

请不要"网开一面"——吴汉的临终遗言 ………… 42

贤妻有贤戚——阴兴与刘秀的秦晋之好 ………… 44

人红遭嫉妒——身死蒙冤的马援 ………… 46

云台第一将的失败——邓禹的污点 ………… 48

一人胜过百万兵——"战神"耿弇 ………… 50

预言里的富贵——李通辅江山 ………… 52

无颜守印绶——马成平夷无功 ………… 55

渠成水不流——王梁开渠失败 ………… 57

搏命无大功——不远征的贾复 ………… 59

反被聪明误仕途——陈俊怀才不遇 ………… 61

选择的代价——傅俊回乡殓亲属 ………… 63

比不过的智商——寇恂智取高平 ………… 65

失联没什么大不了——坚镡孤军守南阳 ………… 67

和胡人较上了劲——王霸越界打强盗 ………… 69

抄文书不是我的志向——班超西域修好 ………… 71

不要母亲和老婆——李忠大公无私 ………… 73

来去也潇洒——朱佑功成身退 ………… 75

回到故乡去炫耀——景丹封地波折 ………… 77

最后倒下的旗帜——李固亡,精神亡 ………… 79

生错了年代——李膺的党锢之祸 ………… 81

难以争辩的命运——杨秉辩护无果 ………… 83

大丈夫当扫除天下——陈蕃收拾残局 ………… 85

慧眼识木头——蔡邕救琴 ………… 87

乞丐进化论——曹嵩位列三公 ………… 89

赤壁之战的幕后操盘手——鲁肃坐观成败 ………… 91

区区寒舍有高人——诸葛亮躬耕自娱 ………… 93

聪明反被聪明误——杨修之死 ………… 96

第三章　不是外戚掌权，就是宦官乱朝 …… 99

政治暴发户——窦宪绝处逢生 …… 100
皇帝年幼谁当家——邓氏的权力之路 …… 102
当个皇帝不容易——刘懿与阎氏戚族的交易 …… 104
太监推来个汉顺帝——宦官粉墨登场 …… 106
不顾身份的结盟——梁商明哲保身 …… 109
东汉的十年黑暗——梁冀的跋扈统治 …… 111
容不得外戚再放肆——汉桓帝封侯宦官 …… 113
外戚与宦官的鹬蚌相争——袁绍渔人得利 …… 116
"和平期"的到来——汉灵帝的荒唐剧 …… 119
最差劲的计策——何进死，天下乱 …… 121

第四章　天下乱世，群雄割据 …… 123

兄弟的背叛——隗嚣的致命败局 …… 124
忍不了的委屈——彭宠自立为王 …… 126
没了粮食丢了兵——刘永部将造反 …… 128
要不得的野心——张步东山再起 …… 130
占了皇室血统的便宜——卢芳继承宗庙 …… 132
用全家性命来赌气——公孙瓒兵败自焚 …… 134
斗气不是好兄弟——刘虞恩怨难了 …… 136
把握不住的机遇——刘表难有作为 …… 138
引狼入室——刘璋乱世难幸存 …… 140
宁为曹公奴，不为刘备客——张鲁择主 …… 143
一会儿仇人，一会儿亲家——张绣袭曹也降曹 …… 145
自导自演，逆转人生——袁绍名动天下 …… 147
众叛亲离的结局——袁术称帝丧身 …… 149
英雄难过美人关——吕布乃一介武夫 …… 151
名将再强，也难防暗箭——孙坚的陨落 …… 154
可怜霸王命不长——孙策脱离袁术 …… 156

赤壁大火稳江东——孙权与刘备的联盟……………………………158
君无实权——董卓的政治投机…………………………………………160
挟天子以令诸侯——曹操的阴谋………………………………………162

第五章　红颜浮生录……………………………………………165

不一样的废皇后——郭皇后的政治姻缘………………………………166
万千宠爱于一身——娶妻当得阴丽华…………………………………168
"不留名"皇后约束外戚——马家有位三小姐…………………………170
开外戚专权之先河——窦太后横刀夺爱………………………………173
都是嫉妒惹的祸——阴皇后巫蛊之祸…………………………………175
"灰姑娘"成长记——邓太后的逆袭……………………………………177
到底是亲哥哥——梁太后与她的外戚集团……………………………179
给女人定规矩的女人——班昭与《女诫》……………………………181
不爱华服爱穷郎——桓少君简朴从夫…………………………………183
"丑女"也有春天——孟光人丑心不丑…………………………………185
要钱不要命——董太后的敛财之路……………………………………187
被抢去做老婆——蔡文姬的三次婚姻…………………………………189
再婚不如要我命——皇甫规妻大骂董卓惨被杀………………………191
半途而废可不行——乐羊子妻的人格魅力……………………………193
可怜佳人迟暮——红颜薄命的甄宓……………………………………195

第六章　政治夹缝里的文化绽放………………………………197

废物利用的成就——"蔡侯纸"的发明…………………………………198
科学的集大成者——"木圣"张衡………………………………………200
藏在朝廷的文学家——断代史从此兴起………………………………202
经学家的政坛风波——马融剃发流放…………………………………204
留下一句座右铭——崔瑗的一生………………………………………206
中国有了"汉字学"——许慎"说文"又"解字"…………………………208
夜梦金人向西去——佛教传入中国……………………………………210
老师也有年轻时——贾逵隔篱偷学……………………………………212

第一章
历史洪流中的帝王

"庄稼汉"的逆袭人生
——光武帝舂陵起兵

假使没有西汉皇帝昏聩不堪、外戚擅朝,也许刘秀就没有登上历史舞台的机会;假使没有王莽篡夺刘氏天下,剥夺刘氏的爵位与封地,也许刘秀还能安心享受着皇帝远亲身份所带来的优渥生活。

但是历史的发展就是这么突如其来。若不是当时风云突变,战火四起,刘秀可能与他的祖辈一样,既享受着皇室宗族的高贵生活,又不必卷进权力斗争的旋涡,更别说成为后来东汉的开国皇帝了。

在天下未乱,西汉未亡的时候,刘秀生活得十分惬意,头顶着皇室宗族的光环,过着地主豪强的生活,每天耕田浇花,要有多自在就有多自在。相较于刘秀的谨慎低调,哥哥刘演却豪侠仗义,他性格刚烈,胸怀大志,广交天下豪杰,为了成就伟大功业而不懈地努力着。

公元17年,那个不被人们认可的皇帝王莽,统治危机四伏,农民起义堪比星星之火,地方官甚至还没来得及向皇帝传报快讯,起义的野火就已经烧到了皇城外边。此时刘演、刘秀兄弟俩自然不会置身事外——刘氏远亲在没了刘氏政权支撑的情况下更不能坐以待毙。兄弟俩一边观察着当时的局势,一边蛰伏在距离帝都长安城很近的南阳。一来可以和风暴中心保持距离,二来在这个距离内又很利于掌握长安城内的情况。

在这种情况下,刘秀的想法是"小不忍则乱大谋",反正也忍了这么久,不差这一时片刻。可是刚烈的刘演却不想忍耐下去,巴不得早点加入打倒王莽的队伍。于是,他替刘秀做了决定,立刻招兵买马,以待时机。只要时机成熟,他就打着"光复汉室"的大旗,直捣王莽的老巢。刘秀见哥哥心意已决,只好一同为秘密起义做

光武帝刘秀画像

准备。

这准备足足做了五年，直到公元22年，刘演和刘秀才遇到了有利于他们的时机。

这一年，一支名为"新市兵"的地方军队已在南阳站稳脚跟；同时，在南阳平林县又有千余起义人员，组成了一支名为"平林兵"的起义队伍。眼看农民起义的烈火已经烧到了南阳城，刘演当机立断，决定响应两支农民起义军。

时隔不久，以刘演为领袖的起义队伍终于举起了自己的大旗。可是，并不是每一名刘氏子弟都有勇气捍卫汉室江山，起义刚刚开始就有了逃兵。此时的刘秀一反儒雅温和的性格，率先穿上戎装，佩上宝剑，以自己的实际行动响应哥哥的号召，并告诉刘氏子弟他们并不是去送死。

在战场上，只有勇气是不够的。刘演虽然刚烈，但是他低估了王莽军队的实力。在起义情势大好的情况下，他贸然进军宛城，结果兵败，舂陵义军被王莽的军队打得四散而逃。可以说舂陵起兵首战是以悬殊的差距落败了，但舂陵起兵对刘秀而言却是一个重大的转折点。

宛城一战失败之后，刘秀辗转逃亡到信都。在信都立足之后，刘秀放弃了刘演的激进策略，他自己谋划形势对策，他开始筹建军队，还举办了一场政治联姻。新娘郭圣通的嫁妆是一支十余万人的军队。至此，刘秀已经从一名"庄稼汉"转变为国内群雄中不可小觑的起义领袖了。

《历代帝王图》中的光武帝刘秀。在阎立本笔下，光武帝刘秀双目炯然有神，面型端庄，体态匀称。画家巧妙利用史书所载"身长七尺三寸，美须眉、大口、隆准、日角"的生理特征，传达出刘秀英明睿智、胸怀宽广的气质。

刘秀一鼓作气，经过数番征战，在乱世中成为一方势力。

公元25年，刘秀在各地将领的拥护下称帝，没有排场，没有皇宫，非常低调。从此以后刘秀的天下开始了。

抽签得来的好运
——刘盆子称帝

刘盆子何许人？他的祖上是平定"诸吕之乱"的刘章,而刘章的爷爷正是汉高祖刘邦。虽然刘盆子是正统的皇亲国戚,无奈他生逢乱世。当时已不是全盛的大汉王朝了,而是盛极而衰的末路国家。

在封建社会,刘盆子这种身世注定他的人生无法由自己掌控,他的命运在家天下的捆绑下,"一荣俱荣,一损俱损"。如果生对时期,赶上汉武盛世,刘盆子什么也不用做,也有千百人簇拥他、讨好他,但他恰好生在末世,夹在两个朝代之间,刘姓对他而言,着实成为难以摆脱的负担。

刘盆子虽然不走运,没能享受皇亲国戚的富贵与权势,却也在乱世里做了几天的皇帝。以刘盆子的出身和才干,在当时群雄并起的情形下,无论如何也轮不到他来称帝。而他能在四方战乱的烽火狼烟中成了九五之尊,依靠的是运气,因为他这个皇帝是抽签得来的。

即使在割据混战的乱世,皇帝也不是谁想当就能当的。自古多少豪杰为了这个位置拼死拼活也没能称心如意,但偏偏刘盆子得到了。不仅如此,他不但做了皇帝,而且在他短暂的帝王生涯结束后还富足地过完了余生。

回到刘盆子称帝的正题,这要从农民起义军赤眉军经过式县说起。

刘邦画像

当时,刘盆子家族受到王莽篡位、建立新朝的影响,原本的世侯爵位被废黜,他因此成了普通的百姓。赤眉军经过式县时,得知刘盆子一家居住在此。赤眉军的首领一想,自己是农民出身,想要从众多农民起义军中脱颖而出,必然需要一个名正言顺的理由,有了刘氏子弟,自然会变得师出有名。于是,他便将刘盆子和他的两个哥哥刘恭、刘茂劫掠到军营当中。刘恭和刘茂都是自小读过书的,聪明人懂得

看形势，很快就为自己在赤眉军中谋到了职位，而年少无知的刘盆子看到赤眉军有一群牛需要人照顾，便愉快地放起牛来。

到了公元15年，赤眉军首领樊崇采纳方望"拥立汉朝宗室为帝，以号令天下"的建议，决定从刘氏三兄弟中找一个人出来登基称帝。三个兄弟都很听话，但只立一个傀儡皇帝，无论立谁都没有差别，那么到底应该选谁呢？他把刘盆子兄弟三人叫过来，看了半天，最后决定把选择权交给老天。樊崇命下属准备一个签筒，做了三支竹签，一短两长，等到一切准备就绪，便命刘盆子三兄弟抽签决定谁来做皇帝。刘盆子一听要抽签，心里十分高兴，当发现自己抽中了签更是乐不可支。于是，在公元15年六月，抽中签的刘盆子就这样高高兴兴地登基成了皇帝，年号建世，史称建世帝。

> **小知识**
>
> 刘秀打败赤眉军时，樊崇带着刘盆子前来投降。刘秀接纳了降军，命人准备饭菜赏给他们。第二天，刘秀将自己的军队召集起来，列成阵势给樊崇等人观看。刘秀问刘盆子："我的军队如此强大，你能够抗衡吗？"刘盆子低头乞求着回答："我冒犯陛下，罪该万死，但希望看在同是刘氏子孙的份儿上，能饶我不死。"刘秀笑起来，命刘盆子居住在洛阳，并分了一所住宅、两顷田地给他。

皇帝不是好当的
——公孙述兵败族灭

东汉初年的英雄豪杰有很多，公孙述算得上是鼎鼎有名的人物之一。与刘秀不同的是，公孙述成名较早；他的爷爷和父亲都曾为官，这也为公孙述扩充势力打下了良好的基础。

王莽政权灭亡后，天下失去秩序。此时公孙述既有名气，又有自己的军队，不称帝反而显得很不正常。于是公孙述自立为帝，国号成家，建元龙兴，任命李熊做大司徒，其弟公孙光任大司马，公孙恢为大司空。

从时间上来看，公孙述称帝比刘秀早两个月。

公孙述称帝后其实还是很有规划的。说到政治才干，他与刘秀几乎不相上下；可是说到军事才能，他则要逊色很多。公元30年，刘秀连连击败各地割据势力，天下局势已经十分明朗了。数年的征战让刘秀的政权已经坚如磐石，但公孙述和隗嚣偏偏不肯投降，仍然想要和刘秀一决雌雄。

刘秀虽已基本坐拥天下，但经过连年的战乱他也打累了，因此希望能以和平手段解决剩余的两股势力，一来能显示自己的胸怀，二来也能避免战乱发生。于是，刘秀开始写信给公孙述，一封信不成就写两封，两封信不成就写三封。在信中，刘秀完全显露了自己与生俱来的皇室本性，以君自居，这种举动令公孙述十分不开心。公孙述心想，你是

公孙述据蜀，在山上筑城，因城中一井常冒白气，宛如白龙，他便借此自号白帝，并称此城为白帝城。公孙述死后，当地人在山上建庙立公孙述像，称白帝庙。

皇帝,我也是皇帝,凭什么要我退让来换取天下和平呢?一山不容二虎,天下不容二君,既然你想要做皇帝,那么我们只能战场上见了。

公元32年,刘秀开始进攻隗嚣,虽然公孙述及时派兵援助,但没能挽回倾颓的局面。眼看又一股势力被刘秀消灭,公孙述有些着急,他派王元与领军环安据守河池,又命令田戎及大司徒任满、南郡太守程汛率军下江关,攻破汉威虏将军冯骏等,攻占巫及夷陵、夷道。至此公孙述反攻为守,据守了荆门重地。

可是刘秀的势力如猛虎般,公孙述哪里抵抗得了。公元35年,大将军岑彭对公孙述发动进攻,没几日就夺下了领地。而这边,刘秀仍然秉持着"不抛弃、不放弃"的原则,继续写信给公孙述陈述利害关系。此时的公孙述早已不像从前那般不可一世。事已至此,身边的亲信都劝公孙述投降,但公孙述到底是有傲骨的,他对亲信张隆、常少说:"兴与亡都是命运,哪里有投降的天子呢!"

乱世英雄,成王败寇,公孙述的人生已经注定为此付出代价。

公元36年,刘秀又派大司马吴汉、辅威将军臧宫对公孙述展开进攻。不久,公孙述就收到弟弟公孙恢和女婿史兴战死的消息。此后,公孙述几经辛苦建立的帝国以不可挽回之势加快崩溃,各地将帅对这场结局早已明了的战争都显得十分绝望,即使在公孙述灭族的威胁下离叛之事仍不断地发生。

同年九月,吴汉乘胜追击,公孙述此时已经濒临绝望,他对延岑说:"现在还有办法吗?"延岑说:"男儿应当在死中求生,怎能坐着等死呢!财物是容易聚敛的,不应当吝惜。"于是,公孙述以金帛相诱,募集了五千人敢死队偷袭吴汉大军,竟反败为胜,将吴汉打落河中。

十一月,公孙述亲自率兵进攻吴汉,一战大捷,二战大捷,三战大捷。公孙述三战三胜,仿佛看到了一举击灭吴汉军队的希望,可是他竟然忘了将士们都是血肉之躯,需要补充体力。这下吴汉抓到了机会,他命令壮士突击公孙述,壮士一枪刺中公孙述胸部,将其从马上掀翻在地。虽然公孙述的亲信拼死将他救回到城内,但这一枪毕竟太致命,到晚上公孙述就一命呜呼了。

临死前,公孙述将兵权交给了延岑。

第二日清晨,延岑心知无法抵抗吴汉军队便举旗投降了。可是吴汉竟然下令族灭公孙述、延岑家族,又纵兵烧杀抢掠,焚烧公孙述宫室。

虽然刘秀得知后愤怒地责备了吴汉,但是公孙述兵败族灭的结果无法挽回了。

好母生好儿
——尊重师长的汉明帝

在中国千百年的封建社会里,男人三妻四妾,皇帝后宫佳丽三千。要普通男人对结发妻子一心一意尚且困难,更别说要求皇帝夫妻恩爱、琴瑟和谐了。但汉明帝刘庄的父母正是历史上极为著名的恩爱夫妻:刘秀与阴丽华。

其实刘秀也曾为了事业与郭圣通联姻,郭圣通还生下了他们的第一个儿子,也是后来的太子。但不管是嫡子的限制,还是身份的限制,都难以阻挡刘秀对发妻阴丽华的深情。他不仅坚持让阴丽华做了皇后,还将他与阴丽华的儿子刘庄立为皇帝接班人。

汉明帝的父亲是东汉开国贤帝刘秀,他的母亲有"娶妻当得阴丽华"的美誉,可想而知,两个优质基因的组合加上后天教育,即使放到现代,汉明帝也一定是一名出身良好的优秀少年。

桓荣画像

汉明帝可以说是被精准的皇帝教育模式培养着的。难得的是,自小就万千宠爱集一身,后来又是普天之下权力最高者,汉明帝对待恩师却始终保持着尊敬的态度。他从未以帝王之尊面对过他的老师,"一日为师,终身为父",汉明帝完全身体力行,实践着老师对自己的教导。

那么,这位担任准皇帝老师的高人到底是谁呢?

据说,这位老师名叫桓荣,在当时是顶尖的学者。他学识渊博,不慕名利,对儒家思想至死追随,而且对《尚书》很有研究。如此高人担任准皇帝的老师自然是错不了的。

于是,未登基之前,刘庄便整日跟在桓荣身边学习《尚书》。老先生本身应该也很有魅力,

不仅将刘庄培养得很好,还和刘庄建立起了深厚的感情。

当刘庄成为汉明帝后,有一次,他忙完政务,要给自己放个假。那么这难得的时间,到底是应该去后宫取乐,还是驰马射猎,或者安排歌舞表演?这些都不是他的选择,他甚至想都没有想便去了桓荣的家里,探望昔日恩师。

到了桓荣的宅邸时,已经身为皇帝的刘庄丝毫不显露权威,而是如过去那般,让桓荣坐在东面,召集百官和其弟子前前后后数百人向桓荣行礼。身为皇帝,向来都是由大臣、太监主持别人向自己行礼,可是此时汉明帝却亲自主持众人向自己的老师桓荣行礼。到学生们提问题时,有的学生想讨好汉明帝,便向汉明帝提问。可是汉明帝却十分谦让地说:"老师在这里,我也是弟子。"

如果说这是汉明帝为施仁治的作秀,那在他对桓荣其他方面的关心上,则可以让他人清清楚楚地明白他与桓荣的师生情谊了。

桓荣每次生病,汉明帝都会派遣侍从前去探望,而且专门指派太医为老师治病。后来,桓荣病势加重,请辞交还爵位和官职,汉明帝坚决不许,并亲自到他家中询问起居情况。不仅如此,汉明帝一到桓荣家所在的街道就下车,完全放下皇帝的威严。在病榻前,他抚摸着老师哭泣,待了好久才离去。

汉明帝尊崇儒学

桓荣死后,汉明帝犹如失去至亲般伤心不已,换上丧服为桓荣送葬,并对桓荣的儿子做了妥善安置。

写得一手好字
——汉章帝独创"章草"

刘炟在众多皇子中排第五,被汉明帝册封为皇太子的时候年仅3岁。汉明帝不按照嫡长子继承制来立皇储,究其原因,并不是汉明帝独宠其生母贾贵人,也不是前四位皇子无能、不才。理由其实很简单,汉明帝是"立爱"。可想而知,当时尚不通人情世故的刘炟是多么被汉明帝喜爱。

父亲对他器重,刘炟并没有恃宠而骄,他十分争气地表现出聪慧、宽容、善学的性格特点。在刘炟19岁时,汉明帝去世,他顺理成章地继承皇位,是为汉章帝。

汉章帝虽然年轻,但没有辜负父亲生前对他寄予的厚望。即位初期,刘炟便下令各部门"慎选举,进贤良,退贪猾,顺时令,理冤狱"。他继承了父亲勤政爱民、选拔良才的执政理念。相较于汉明帝,刘炟待人更为宽厚。可以说,汉章帝统治时期在东汉历代中算是一个黄金时代——政治清明,社会安定,他真正做到了"仁政"的统治。

在政治稳定、社会繁荣的大好局面下,刘炟不需要担心军事上的侵略,也不需要考虑是否有奸臣贼子想要颠覆他的政权,更不需要顾虑百姓是否有饥荒疾病。所以刘炟可以好好培养自己的兴趣了。

刘炟虽然是皇室出身,却没有皇室子弟身上那种奢靡之气,他更像一个文人墨客。对刘炟而言,除了治国理家之外,他唯一的兴趣就是书法。

历史上的皇帝,基本上都有一手好字。在单纯依靠文书传递信息的古代,能见到皇帝本人的官员只有少数,更不必说普通百姓了。因此,皇帝想要彰显自己的威严,一手龙飞凤舞的好字则成为必修课。生长在帝王家,普天之下莫非王土,所有的资源都可以供皇室利用。想要找几个名师教皇帝练字再简单不过了,皇帝能写得一手好字也理所应当。而刘炟的字是不能只用"好字"来形容的,如果刘炟不是皇帝,说不定他会成为一代书法家。

刘炟喜爱书法,喜欢舍弃原有的书体随性写字。起初,刘炟只是书写隶书,毕竟那是官方字体,身为一国之君无论如何也要好好练习。随着国家越来越安定,刘炟不必整天为政事所牵绊,可以利用的个人时间越来越多,练字的时间也就变得很

第一章 历史洪流中的帝王

汉章帝巡行

宽裕了。

想必刘炟此时的心情很得意自在,一不小心连笔下的字也活泼起来,上下字独立而不连写,笔法虽似隶书形迹,却又带有几分狂野自在。久而久之,刘炟的字体自成一派,形成了独特的书体。刘炟的这种字体,正是后来"章草",也是"今草"的前身。

> **小知识**
>
> 汉章帝去世时年仅31岁。在东汉历史上,汉明帝与汉章帝的统治时期是最为繁荣安定的黄金时期,后世称这段时期为"明章之治",是中国古代政治清明的时代之一。但由于明、章两位皇帝在位时间总共不过31年,因此相较于西汉历史上的"文景之治",缺少影响力。

11

外戚手里难夺权
——汉和帝的自治之路

东汉的皇帝大多短命,因此小皇帝比比皆是。那么在小皇帝尚不能独立统治国家的时候,遇上贪权的太后及其身后的外戚集团,小皇帝自然会沦为朝堂上的傀儡。汉和帝刘肇就是这样的小皇帝。

刘肇一出生就被窦皇后抱养而离开了生母梁贵人。窦皇后为了自己的前途和势力,先以"巫蛊之罪"诬陷了当时太子刘庆的母亲宋贵人,接下来又以"谋逆之罪"将梁贵人全族贬谪到了偏远地区。这样一来,窦皇后的势力已经坚不可摧了,不会再有其他的皇子来威胁自己的权力之路。

汉章帝死后,刘肇登基,窦皇后顺理成章地晋升为窦太后。刚满10岁的刘肇不足以执掌朝政,自然需要请窦太后帮忙。于是,窦氏外戚开始了只手遮天的统治,彻底将一个稳定平和的东汉王朝搅得不再安宁。

可是刘肇到底是会长大的,窦太后无论怎么有控制力,也无法控制一个逐渐长大懂事的人。天下没有不透风的墙,处于窦氏一族长期压迫下的刘肇,对自己的身世渐渐有所耳闻。

一方面是日益膨胀的窦氏,一方面是养育自己的后母,刘肇虽然无法接受窦宪、窦笃等人的做法,但毕竟窦太后对自己算是疼爱有加,因此无权无势的刘肇只好对窦氏的行为睁一只眼闭一只眼。

可是,窦宪却仍然不知足,即使外戚的身份令他荣耀,但也比不上帝王宝座来得舒服。因此,他与女婿郭举及其父郭璜、部下邓迭及其弟邓磊等人计划刺杀刘肇。

当14岁的刘肇得知窦宪的阴谋之后,心知再也不能坐以待毙,必须想出强硬的对策,否则别说汉室江山,连自己的性命也将不保。但刘肇却无可奈何,朝廷里的文武官员基本上都是窦氏的人。虽然尚有司徒丁鸿、司空任隗、尚书韩棱这些忠臣可以信赖,但窦氏兄弟早已将皇帝的行动限制住,他想要和大臣们私下接触是绝不可能的。

刘肇思来想去,突然发现在这已经不属于自己的皇宫里,每天服侍自己的宦官

郑众正是对自己忠心耿耿可以倚重的人。而且郑众在刘肇身边多年,他和刘肇单独待在一起,谁也不会有疑心。另外郑众为人机敏,十分有心计,可以为刘肇出谋划策。

于是,当其他人都离开后,刘肇便趁机将自己想要铲除外戚的想法告诉郑众。让刘肇惊喜的是,郑众竟然二话不说,当即表示自己将誓死追随皇帝。虽然外戚势力遍布朝野,但郑众并不惧怕,他劝刘肇要先下手为强。

政变来得很突然,但也很直接。在逮捕窦宪的前一个晚上,刘肇亲自率领羽林军,命令司徒兼卫尉官丁鸿紧闭城门,同时派人分头捉拿郭璜、郭举父子和邓迭、邓磊兄弟。第二天,刘肇直接派人到窦家宣读旨意,不仅将窦宪的大将军印绶收回,改封他为冠军侯,还下令窦固、窦景回到各自的封地。

年仅14岁的刘肇迅速扫除了外戚势力,窦氏子弟至死都无法相信他们辛苦建立的窦氏势力就这样在瞬间化为乌有。虽然刘肇没有公开处置窦氏兄弟,但私下逼迫他们回到各自封地后自杀。

刘肇在外戚势力的压迫下夺回刘氏政权,没有引起朝野的混乱和恐慌,这足可见汉和帝刘肇的统治才能。

小知识

刘肇以迅雷不及掩耳的速度扫平了窦氏外戚,归根究底,其成功的原因是他的群众基础好。窦氏嚣张跋扈的做法早已天怒人怨,各方人士早就对窦氏兄弟心生不满了,此时只需要一个契机,以及一位领导者将大家团结起来。窦氏往日强取豪夺,目中无人,民心尽失,他们的失败是必然的。

不满周岁的百日皇帝
——汉殇帝因此得名

汉和帝刘肇铲除了窦氏外戚，但没有逃过早亡的命运。汉和帝27岁去世后，本应当由长子刘胜继承皇位，可是，汉和帝的邓皇后却推翻了这一继承制。此举并不是因为她想成为第二个窦太后，而是一心一意为了汉室江山。

原来，刘胜是一个不折不扣的药罐子，虽然多年寻医问药，但是从来就没有好转的迹象，甚至连他到底得了什么病太医都无法确诊。让这样一个无法自理且随时都有可能一命呜呼的皇子继承皇位确实不妥。可是除了刘胜以外，该找哪位皇子继承皇位呢？这是一件棘手的事情。

这还要从窦氏外戚说起。当时窦太后的外戚势力过于膨胀，窦宪等人甚至还想要颠覆皇位，这给年轻的汉和帝留下了很大的心理阴影。虽然汉和帝以超过年纪的沉稳将窦氏外戚一网打尽，恢复了自己的统治，但毕竟在权力面前仍然会有人无法控制欲望。汉和帝深知自己高处不胜寒，因此也格外小心。但不知怎的，也许是家族遗传基因不好，也许是其他什么原因，不仅自己短命，连他的亲生儿子们也都个个早逝。眼看着自己十多个儿子相继夭折，汉和帝却找不出原因。要说是凑巧，这也实在是太巧了。想来想去也想不出个所以然的汉和帝把矛头对准外戚，他一直怀疑自己的儿子相继早逝，一定是有外戚在陷害他。后来，汉和帝再生了儿子便都寄养到宫外百姓家里，这样才总算保留下来一点血脉。

汉和帝去世得早，加上先前他又死了十几个儿子，此时面对该立谁为皇帝就变成一道极为困难的选择题。长子刘胜说不定哪天就死了，就算能多活几天也不知能不能为汉室留下血脉。如果让刘胜登基，实在是太冒险了，可是第二人选也同样靠不住。虽然这个人既没病也没有品行问题，但他还没有断奶。

是的，这个人正是后来的汉殇帝刘隆。

刘隆刚出生不到百日，他的父亲汉和帝就去世了，尚在襁褓中的他就被邓皇后立为皇帝。邓皇后的想法自然是好的：她计划着先以太后名义临朝执政，同时抚养幼小的刘隆，等到刘隆懂事以后将权力交给他，这样既能保证汉王朝权力平稳交接，又不会导致国家内乱。可是天不从人愿，刘隆虽然被邓皇后悉心呵护着，但也

第一章　历史洪流中的帝王

终究没能逃脱早逝的命运。

　　这位出生不满百日就登基的小皇帝，在位仅两百二十天便不幸夭折，时年刚满一岁。

　　刘隆死后，谥号为孝殇皇帝，也算应了刘隆懵懂又可惜的一生。

汉殇帝画像

> **小知识**
> 　　汉殇帝是东汉第五位皇帝，也是中国帝王中即位年龄最小、寿命最短的皇帝。他被史学家称为"八月皇帝"或"百日皇帝"。汉殇帝在位期间由其养母邓太后执政，邓太后积极治国，大力发展经济，同时避免外戚势力兴起。范晔在《后汉书》中评论道："殇世何早，平原弗克。"

父凭子贵
——被废太子遭诬陷

刘庆并未真正出现在东汉帝王史上,但是他在东汉的发展中发挥了关键的作用。说到刘庆,则需要从窦太后争权的事情说起。

窦氏作为大将军窦勋的小女儿被选入宫中。年轻貌美的窦氏凭着自己得天独厚的优势很快便抓牢了汉章帝的心,不久便从窦贵人升为窦皇后。窦皇后深受汉章帝的宠爱,加上有家族势力作后盾,只要尽快生个嫡子,其实不用费尽心思去害人。

可是偏偏天意弄人。窦皇后虽然深受汉章帝的宠爱,但始终无法怀上龙子。眼看着宋贵人所生的儿子刘庆一天天长大成人,又很讨汉章帝的欢心,窦皇后无能为力。

在封建王朝,最重要的事情之一便是立太子。身为皇后的窦氏一直无所出,那么汉章帝只能立其他皇子为皇储,刘庆便是不二人选。

窦皇后虽然嫉妒宋贵人,但却没有对策可以改变现状。这时,正好梁贵人也生了一个儿子,窦皇后终于看到了机会。以窦皇后的心性,她难以接受由刘庆做皇帝。假使刘庆登基,他自然是倾向于生母宋贵人,窦皇后就当不了太后。所以,当得知梁贵人生了一个儿子后,窦皇后便跑去请求汉章帝将梁贵人的儿子过继给自己抚养。

汉章帝并没有多想,就依着窦皇后的要求满足了她。然而,这只是窦皇后计谋的第一步。当她有了梁贵人儿子的抚养权之后,接下来便是考虑如何将刘庆的太子之位废掉。因为只要一天不废掉刘庆,她的养子就没有登基的机会,那么她自然也没有成为太后的希望。

窦皇后深知在后宫中人们对巫蛊十分避讳,而邪门歪道这种事又难以说清楚,因此窦皇后便策划用巫蛊来嫁祸宋贵人。可是虽然有了计划,却难有下手的机会。

不久后的某一天,宋贵人病了。按理说,身为后宫的嫔妃,又是太子的母亲,生了病自然有最好的医生为她看病,可是宋贵人却要用偏方,非得找生菟丝来吃。这一微不足道的要求,彻底将自己推向了万劫不复之地。

窦皇后早已经想好了计划,就等着宋贵人自己上钩,偏偏宋贵人又要娘家人带生菟丝进宫。于是,窦皇后立刻跑到汉章帝那里去打小报告,至于报告内容,当然是巫蛊一类的诬陷。不用想也知道汉章帝从窦皇后那里听来的故事有多么离谱、邪恶。

可怜的宋贵人甚至没有辩解的机会就被汉章帝打入了冷宫。宋贵人被囚禁以后,刘庆也因此受到牵连,没多久便被废黜了太子之位。至于宋贵人,从巫蛊之祸发生那刻起,她就明白一切都是因为窦皇后容不下自己而设计的。在宦官蔡伦的严刑追究下,她不堪折磨服毒自尽了。

宋贵人虽死,但刘庆的人生却没有因此结束。被封为清河王的刘庆在后来诛灭外戚势力时立下了汗马功劳,因而被他的弟弟汉和帝委以重用。但刘庆的好运不仅如此。在东汉王朝的风云变幻中,废太子刘庆的儿子后来登上了皇位,而这位曾与皇位失之交臂的父亲也因此被追封为"孝皇帝"。刘庆可以说是父凭子贵了。

小知识

在汉章帝统治时期的各个藩王中,清河王族是较著名的一支,这个家族不仅出了一个皇帝,还出了一位对汉家王朝有功的刘庆。清河王刘庆为人友善孝顺,一共生三子、十一女。他原为太子,后被废改封为清河王,余生遵纪守法,安稳谨慎,从未犯下过错。

唯独成全父亲
——内忧外患的汉安帝

汉安帝刘祜是废太子刘庆的儿子。年仅1岁的汉殇帝去世后,东汉的皇位又空缺了,于是被封为清河王的刘庆被邓太后想起来了。很快,他13岁的儿子刘祜被正式扶上了皇位。

当时窦太后弄权致使刘庆被废太子之位,其生母宋贵人更是含恨惨死,想不到几经变故,他的儿子竟然意外地登上了皇位,不知当时得知这个消息的刘庆会是怎样的心情。命运总是让人难以捉摸,在刘祜继位四个月后,一生太多坎坷的刘庆终于难以支撑命运的捉弄,离开了人世。

虽然刘祜的祖母,也就是当时被窦太后以巫蛊之祸诬陷的宋贵人,早已去世多年,而父亲刘庆也去世了,但刘祜并没有忘记自己是如何辗转流落到清河的。于是,刘祜开始追查当年宋贵人自杀的真相,为自己的祖母报仇。当时审问宋贵人的蔡伦,因不堪忍受刘祜的逼问而选择了自杀。

家仇已报,那么刘祜剩下的事就是好好做皇帝了。可是事与愿违,即使刘祜已经到了可以执政的年纪,邓太后仍然不肯将权力交给他。刘祜对此虽然不满,但也无可奈何。毕竟经过几十年的宫廷斗争,清河王族早已被放逐在外,虽然刘祜被安排当上了皇帝,但他并没有可以倚重的大臣。

祸不单行,在内部权力失衡的状况下,边疆又传来羌族作乱的消息。东汉与羌族的矛盾旷日持久,皇帝始终都被这困扰。此时东汉朝廷政权不断更替,又有窦太后的外戚政权祸乱在先,羌族人自然以为有机可乘。刘祜正是在这样一个敏感时期当上了皇帝,他没有实际权力,但又是众矢之的。可想而知,这样的皇位实在没什么意思,每天除了担心自己的性命外竟然想不出第二件可以做的事情。

然而,邓太后即使权力再大,毕竟也是人,凡是人就免不了一死。在邓太后41岁这年,刘祜梦寐以求的事情终于发生了:邓太后一命呜呼了。

做了太久的傀儡皇帝,现在终于得以解放,刘祜堪比刚被释放的犯人,心情大好。刘祜心想:没有了邓太后的管束,我终于可以随心所欲了,这个天下是我的了!

皇帝有了这种想法,着实是件可怕的事情。他已经偏离了为国为民的轨道,完全将东汉王朝当作自己玩乐的工具。而刘祜不单想让自己玩得开心，还要找各种人来陪他玩，于是他的妻子阎皇后便趁机将自己阎氏族人推荐给刘祜作为玩伴，刘祜对此也十分受用。

就这样，以阎皇后为首的阎氏一族开始形成新的外戚势力，而刘祜在内忧外患的情况下到死也没能醒悟。他"珍惜"这来之不易的皇权，所以尽情挥霍着国家资源来供自己玩乐，却从没有想过自己的祖母和父亲曾经因皇权之争做了多大的牺牲。

刘祜在皇帝的任期内，大力追查祖母当年的冤案，又将自己的祖母和爹娘加以追封。可以说，刘祜这个皇帝当得不怎么样，但他登基也算有一点儿好处，就是成全了他的父亲废太子刘庆。虽然刘庆生前从没有做过一天皇帝，可是刘祜在他死后给了他皇帝的名号。

小知识

邓太后死后，曾因邓太后受过处罚的人利用刘祜对她的不满开始挑拨，致使邓氏一族被刘祜清算，许多邓氏族人不堪侮辱和逼迫选择了自杀。但事实上，邓氏集团不同于东汉其他的外戚集团，他们虽然掌握权力，不仅没有做出危害朝野的事情，反而是一心为了东汉的发展，在历史上的外戚势力中算是不错的了。

阎显兄妹的政治秀
——汉前少帝自身难保

当皇帝这件事，有人挤破脑袋也梦想要当上，有人却是心不甘情不愿被迫当上的，比如刘懿就是后者。

东汉初期，几位皇帝也算是勤政仁德，总得来说，当时东汉的整体发展还是很有生机的。倘若没有窦太后连同她背后的窦氏外戚突然出来闹了一场，或许东汉还能有机会再现西汉武帝时期的蓬勃气象。

无独有偶，在窦太后倒台以后，久居深宫的阎皇后也开始谋划自己的太后之路。

公元 125 年，汉安帝刘祜去世，阎皇后大喜过望，这正是她盼望已久的机会啊！然而，事情远没有想象的那么简单，阎皇后想要顺利晋升为太后以稳定她的阎氏集团，首先得抵制住京师大臣们对刘保的拥护。

刘保是何人？正是汉安帝的独生子。刘保登基对阎皇后来说无疑是巨大的威胁，因为刘保的生母是被阎皇后毒死的。假如刘保登基了，阎皇后非但当不成养母，还极有可能性命不保。

这可是威胁自己身家性命的大事。于是，阎皇后将哥哥阎显召进宫内，密谋夺权事宜。说来也巧，汉安帝去世的时候不是在公开场合。因此，阎皇后利用没人知道的机会，将汉安帝驾崩的消息给遮掩过去了。

阎皇后为了盘算自家利益，将汉安帝的尸体放到一间阴暗隐密的房间里。汉安帝在世时对阎氏家族不薄，如今在利益面前，阎氏族人翻脸却快过翻书，简直是恩将仇报。阎皇后不仅秘不发丧，而且继续对外宣称汉安帝病重，直到四天后，阎皇后才把汉安帝的尸体抬出来出殡发丧。

在风云变幻的皇宫内，四天的时间已经足以改变一切。四天之后，汉安帝终于入土为安，而阎皇后也如愿以偿地当上了太后，开始了她的临朝听政生涯。

没有生育过的阎皇后在成为太后的过程中需要一个皇帝，而且最好是一个能够听任自己摆布的年幼皇帝。于是，她的哥哥阎显适时提出立北乡侯刘懿为帝的建议。大致可以想象当时的情形：兄妹二人默契地对望了一眼，不谋而合地计划着大权在握的未来,两人心中的愉悦不言而喻。

刘懿虽然年少无知,但也明白自己继位后的处境。此时终于成为太后的阎氏为了巩固自己的地位,任命哥哥阎显为车骑将军仪同三司,掌握军政大权。而那些衷心拥护刘保的大臣们虽然对阎氏兄妹横行霸道的做法心有不满,却不能表露出来,因为阎显对汉安帝过去的亲信们早已展开了诛杀。

可是阎太后、阎显兄妹俩的如意算盘却没能长久,刘懿在位仅七个多月便患病去世,史称少帝。

这位被迫当上皇帝,又始终处于忧患、自身难保的汉少帝,最终因疾病去世,这对他来说也是一种解脱。

小知识

后来,汉顺帝继位,以诸侯王的礼仪将刘懿下葬,因此也有史家不将刘懿计入东汉皇帝之列。

宦官的傀儡
——汉顺帝的屈从

汉顺帝刘保的生母还未来得及被加封为妃,就被阎皇后毒死了。虽然刘保是汉安帝和宫女所生的皇子,但贵在独生子的身份,因此被汉安帝立为太子。阎皇后担心刘保会威胁到自己安危,整日向汉安帝吹枕边风。不罢了刘保的太子之位阎皇后是不会罢休的。

后来,阎皇后还没有坐稳太后之位,她所立的小皇帝刘懿不到一年就去世了。此时在皇室子弟里很难再找出第二个合适的人选继位,而刘保是汉安帝的正统传人,在朝中有大批官员等着阎氏倒台,拥护刘保匡扶刘氏江山。

当时,北乡侯刘懿在登基后一直病快快的,于是宦官中常侍孙程向济阴王刘保提议说:"您是先帝的亲儿子,本来没什么过错。因为先帝听信谗言,您才被废黜。如果北乡侯死了,我们联合起来,共斩江京和阎显,事情肯定成功!"不久,北乡侯果然病逝,可是阎太后并不死心,又使用秘不发丧的伎俩,想要继续从皇室子弟里挑选皇帝接班人。

宫门被阎太后紧紧封死,大臣们心知宫中局势又要有变,但具体会发生什么事没人说得出来,只能在家里等待结果。阎太后虽能瞒过大臣们,却无法逃过宦官的眼睛。宦官孙程等人早已计划要推翻阎太后的统治,拥立刘保为皇帝。此事一成,原本没有靠山的刘保得以登上皇位,心中自然感激宦官们,以后少不了他们的好处。如果不成,宦官们大不了就是一死,反正在这深宫里也没有别的出路,搞不好哪天还是会因为无足轻重的小事被阎太后杀掉。

在一个月黑风高的夜里,孙程等十几人在宫中德阳殿秘密聚集,举行宣誓仪式,每人割去一片衣服,决心同心协力,共举大事。时隔两天,孙程等人又召开了一次紧急会议,此次会议对日后刘保登基有着非常重要的影响:孙程决定立即动手。于是,这天晚上,在宫门紧闭的皇宫内开始了一场宦官间的流血斗争,阎氏信赖的宦官被孙程等人杀死,唯独留下了老宦官李闰。孙程把刀搁在他脖子上,说:"现在我们迎立济阴王,不准三心二意。"李闰在宫中沉浮多年,事已至此,他便顺势应允了。孙程见李闰愿意与自己同谋,就扶起李闰一起迎接济阴王刘保登基。

刘保继位以后,阎氏的好日子也到头了。

没了阎氏作威作福以后,刘保仍有需要面对的问题。因为生母地位低下,刘保没有可依靠外戚集团,又一直被父亲冷落,这让他养成了软弱的性格。虽然他得以登上皇位,却没有能力来捍卫自己的江山,因此,刘保可以依赖的只有这群宦官。但是宦官们的野心也是不容小觑的。

孙程等人拥立有功,因此全被封侯。后来刘保渐渐疏远了孙程等人,开始宠信另一个宦官张防。张防在智谋和为人上都远不及孙程,唯一擅长的是拍马屁。刘保恰好需要张防这种人来满足自己的虚荣心。张防得宠以后,便开始为非作歹。

久而久之,刘保这个皇帝当得越来越无趣,不是受制于孙程,就是被张防玩弄于股掌之间。对此,汉顺帝刘保除了选择忍让再也没有别的办法。

> **小知识**
> 公元124年,汉安帝的乳母王圣、大长秋江京和中常侍樊丰诬陷太子刘保的乳母王男和厨监(古代宫廷的厨官)邴吉,因此王男和邴吉被杀。太子刘保虽不忍心,但也无可奈何,只好终日叹息。而王圣等人惧怕刘保继位后会报复他们,于是串通樊丰、江京诬陷刘保。刘保因此从太子被贬黜为济阴王。

两岁能执政？
——汉冲帝的黄泉路

东汉不乏娃娃皇帝，刘炳也是一个小皇帝，而且同样是一个短命皇帝。

汉冲帝刘炳继位的时候刚刚2岁半，虽然他的生母是虞贵人，但是在他继位后，得益的却是梁皇后和她的娘家梁氏家族。梁皇后虽然没生儿子，但也没废太大心思就稳妥地当上了太后。刘炳的生母虞贵人为了自己的性命，也为了儿子的前途，她选择了隐忍，最终保全了自己的性命。

梁家上一代的掌门人梁商为人正直、忠君爱国，曾是朝中榜样，不论谁提起他都会竖大拇指。可是"好竹出歹笋"。他的儿子是历史上臭名远扬的奸臣梁冀。

刘炳这边当上了皇帝，梁冀那边仗着自己是太后的兄长，开始了毫不收敛的凶暴统治，还常常找虞贵人及其家族的麻烦。梁商在天之灵如果知道儿子的所作所为，搞不好会气得从坟墓里钻出来。

梁冀掌权，专横跋扈，结党营私。小皇帝刘炳虽然什么也不懂，但日子却不好过，毕竟他还处在需要有母亲在身边的年纪，可是梁冀却将虞贵人和刘炳隔离开来。后宫虽然人多，但无论如何也比不上亲生母亲的照顾。经过一段时间，小皇帝刘炳就生病了。

梁冀得知刘炳生了大病以后，心里气坏了，这简直是对自己的无声反抗。刘炳尚不懂事，可他这一病无疑使梁冀遭到了"合作伙伴"的背叛。半年以后，刚满三岁的刘炳便因病去世了。这条皇权路刘炳走得迷糊，而他的黄泉路也许才是真正的自由！

在刘炳死后，朝廷里自然要推选新皇帝。梁冀暴行已久，朝廷大臣们有心整治梁冀，于是以太尉李固为首提出拥立"年长有德"的清河王刘蒜为帝。

梁冀当然坚决反对，最后他的霸道再次获胜，他选择了年仅8岁的刘缵做继承人，誓将专权进行到底。

此跋扈将军也
——汉质帝童言无忌

说到东汉末期的统治，就是不停地更换君主，且多是幼主。不难想象，在外戚势力过于强大的当时，这些幼主的命运大多不会很好。清代的历史学家赵翼在《二十二史札记》中专门研究过东汉多幼主的现象。他调查发现，东汉的19位皇帝里，活过30岁的只有4人：光武帝、明帝、章帝和最后的献帝。剩下那些年轻的幼主，大多都因为外戚势力身不由己，最后年纪轻轻便离世了。

在公元145年即位，在位时间仅一年的汉质帝刘缵，同样遭受外戚控制，但他显得有些特殊。

刘缵的不幸可以认为是"祸从口出"，当然也可以像后来写史书的范晔一样，认为是因为聪明惹的祸。一个年仅8岁的孩子竟因为聪明惹祸被杀，可见当时东汉朝廷有多混乱。

走了一个儿皇帝，又迎立一个儿皇帝，这一切皆是为了稳固梁冀的个人统治。此时被外戚牢牢控制的东汉看不到希望，8岁的刘缵在如真似幻的年纪当了皇帝，他还不明白权衡利弊，也不知道阴谋诡计，更不懂得利欲熏心。只是在他被选中继位，由宫女、太监服侍着穿上繁琐的帝王服准备登基时，他问："皇帝是做什么的？"回答的人告诉他，皇帝就是要别人都听他的，皇帝是最厉害的人，谁都不能欺负皇帝。

8岁的孩子，当然渴望称王称霸、当第一，就像现在的小学生喜欢当班长、想要考一百分、当第一名一样。可是，刘缵实在生得不是时候。他虽然是皇帝，但这个天下并不是他说了算。

梁冀为了自己能够独揽大权而将刘缵抓来做皇帝，他看好的不过是刘缵年纪小和他的姓氏。但刘缵哪里明白梁冀的阴谋，他只记住了宫人说自己是最厉害的人，谁也不能欺负自己。于是，一件啼笑皆非的事情发生了。

当时，梁冀在朝廷内外只手遮天，虽然朝中仍然有太尉李固这样的正直大臣，他们不断上书批评梁冀的所作所为，可是国家君主年幼无知，尚且不能料理国事，这些奏折也就石沉大海，无法得到回复。在这种绝望的情况下，李固等人虽然没有放弃与梁冀抗争,但无一例外地遭到梁冀的打击和压制。

　　孩子总有孩子的好处。此时的刘缵依然天真地活在自己的世界里,他不管自己的国家有多乱,也不管他的大臣们活得多么痛苦,更不管梁冀的专横跋扈。对于无能为力的事情,如果换成一个有正常心智的成年人,对此现状要不就是感到无力,忧郁而死,要不也会被梁冀残忍杀害,也有可能在无助的情况下渐渐堕落。

　　可是这样的日子,刘缵无法一直生活下去。因为梁冀已经到了目中无人的地步,即使在小皇帝刘缵面前,也是一副盛气凌人的样子。刘缵看到梁冀如此嚣张,他心想:不是说好了我才是老大吗?你只是我的大将军,怎么还敢欺负我?

　　孩子的负面情绪往往会随着各种小事加重,而且,孩子是不懂得隐藏情绪的,他的不满就是不满。现在梁冀欺负到自己头上了,刘缵当然不高兴。在一次朝会中,当梁冀又开始肆意滥用权力的时候,群臣敢怒不敢言,都表现得恭恭敬敬,而坐在殿上的刘缵却生气了。刘缵虽然才 8 岁,但正因为只有 8 岁才有无畏的勇气。这时,刘缵当着众大臣的面指着梁冀的鼻子喝斥道:"此跋扈将军也!"好像如果不这样做,不这样说,刘缵心里的怒火就无法平复似的。

　　但是,孩子做错了事也需要付出代价。因为在利益面前,弱肉强食的自然法则已经被梁冀搬到了朝廷中。

　　这件事发生以后,虽然有大臣为刘缵求情,说他年纪小不懂事,但在梁冀心里这始终是一个心结。小心眼加上从没遇过别人忤逆自己,梁冀只要一想到小皇帝刘缵竟然当众斥责自己就十分不快。谁也没想到,这个梁冀竟然和一个小孩子计较起来。

　　梁冀对刘缵怀恨在心,又担心刘缵聪慧早熟将来会威胁到自己的统治,便对他动了杀心。

　　公元 146 年六月,梁冀知道刘缵喜欢吃饼,便命人将毒药掺进刘缵平时吃的饼中。9 岁的刘缵吃过饼后不久就腹痛难忍,接着中毒身亡。死后谥号为质帝。

小知识

　　刘缵的曾祖父因生母地位卑贱被剥夺王位的继承权。按理说,到了刘缵这一代,与皇位应该无半点牵连,顶多分封个地方诸侯,但在他 8 岁时,却因朝廷内乱,被外戚梁冀推上了皇位。

厕所政变为红颜
——汉桓帝为爱诛权臣

公元159年六月,汉桓帝刘志终于可以从不和谐的夫妻关系中松一口气了,那个整天令他头疼的梁皇后因病而死。梁皇后去世以后,刘志便可以放心地宠爱邓贵人了。

这个邓贵人是如何在梁冀的压迫下混进宫中的呢?这件事说来有一点儿复杂。邓贵人的母亲年轻守寡,后改嫁给了梁纪,梁纪是梁冀夫人孙寿的舅舅,因此,邓贵人也算是梁家的人。

可是邓贵人毕竟不姓梁,而她又与刘志夫妻情深。试想自己的老公整天被一个八竿子打不着的亲戚欺负着,这种事换谁心里都不会好过。可是邓贵人毕竟算是梁冀安插在刘志身边的眼线,即使对梁冀不满,邓贵人也只能隐忍。

比起邓贵人,有一个人更是忍中高手,这人便是刘志。虽说梁冀倒行逆施,但毕竟有汉质帝的例子在前,刘志只好对梁冀的行为装作不知。刘志心想:毕竟我没有力量可以和你争斗,再说能安稳地做一个傀儡皇帝总比拼个你死我活要好。所以,刘志始终都很淡定地忍着。

可是,梁冀哪里知道满足。刘志和邓贵人两人只不过想在梁冀的摆布下圆满地过二人世界,而梁冀对这也要横加干扰。说白了他还是为了巩固自己的地位,毕竟梁太后和梁皇后都已经去世了,此时宫中无人,梁冀的外戚地位受到了威胁。于是,他想到将邓贵人收为干女儿的主意。

这想法的确是好,可是这涉及了辈分问题。虽然邓贵人与梁纪并没有真正的血缘关系,可是毕竟她的母亲嫁给了梁纪,算起来梁冀和邓贵人也属于同辈。梁冀想要认邓贵人作干女儿,即使梁纪为顾全梁氏的地位而同意,邓贵人身后的邓氏也不会同意的。

梁冀索性来个一不做二不休,邓贵人不是还有邓氏撑腰吗?那就把邓贵人可以依赖的人都杀掉好了。

梁冀派人刺杀邓贵人生母邓宣,刺客竟然不小心走错了院子,被邓宣的邻居中常侍袁赦当作小偷抓了个正着。未经严刑逼问,刺客就招供了。袁赦考虑到邓宣是邓贵人的母亲，便将此事报告给邓贵人。邓贵人一听，当即梨花带雨跑去找刘志哭诉了。

刘志一听此事，简直怒不可遏，梁冀平时作威作福也就算了，现在竟然欺负到自己心爱的女人的头上。这时候的刘志完全是冲冠一怒为红颜，再也不去考虑什么敌强我弱的问题了。既然梁冀要伤害我所爱的女人，那我一定要和他决一死战。

虽然古时候还没有什么窃听装置，可是隔墙有耳也不是闹着玩的，更何况刘志的生活基本上被梁冀的人24小时监视着，想要单独和亲信策划剿灭梁冀难上加难。

但有一个地方刘志还是有自由权的，那就是厕所。

想来也觉得可悲，堂堂九五之尊，竟然只有在上厕所的时候才能不被人跟踪监视，这样的人生境遇，刘志一直忍着的确很不容易。

这天，刘志假装要上厕所，他的贴身宦官唐衡自然要寸步不离地跟着。到了厕所，刘志对唐衡陈述自己的计划，并询问在朝廷之中有哪些人能够帮助自己，铲除梁冀。

唐衡见刘志势在必行，就向刘志说了四个和梁冀有不解之仇的官员。不久之后，刘志此生第一次自己做主的诏令正式下达了，诏书命令尚书令尹勋前往各重要部门，勒令丞、郎以下官员，全副武装，镇守自己的地盘。同时，还将各部门的印绶收缴。

在控制住兵权以后，刘志又调来一支军队对梁冀的大宅展开了围剿。

梁冀做梦也想不到，从前乖如兔子的刘志竟会突然有勇气将自己的梁氏帝国摧毁。大势已去，树敌太多的梁冀只好选择服毒自尽。

> **小知识**
>
> 刘志15岁被梁冀立为皇帝，虽然他为了保护老婆联合宦官轰轰烈烈地消灭了梁氏集团，可是他对宦官的宠信使东汉王朝从外戚集团落到宦官集团的手中，还间接导致了日后的"党锢之祸"。刘志一生沉湎于女色，时人讥为"举秀才，不知书；举孝廉，父别居"。东汉王朝自此江河日下，濒于灭亡。

皇帝也做不了主
——汉少帝无法自主的人生

关于汉少帝刘辩要从一次绑架案说起。

当时灵帝一死，关于要立何皇后的儿子刘辩，还是立生母地位低下由宦官支持的刘协为帝，成了灵帝遗留下来的难题。后来，刘辩登基，不死心的张让为了维持宦官集团的地位，准备发动一场宫廷政变。

外戚和宦官这两股势力对何太后来说都很重要，心软导致何太后将自己的哥哥何进害死了。当时群臣已经决定将宦官们驱逐出宫，以张让为领导核心的宦官们便跑到何太后面前，哭诉自己多年的辛酸，请何太后放他们一条生路。

深宫之人或许都能从别人身上找到自己的影子，一见到张让哭诉多年的不易，何太后便动摇了。何太后的哥哥何进自然不知道宫中的局势已经无声地逆转了，他一进皇宫直接被张让一伙人拿着刀斧砍成了肉泥。

何进一死，袁绍直接带着人马冲进去血洗深宫，险些使太监灭绝。

眼看胜利在望，这场权力斗争几乎已经将宦官集团肃清干净，一些精明的将领突然意识到：皇帝不见了！

原来，在大乱的时候，刘辩被张让抓去当人质了。

张让等人绑架了刘辩和刘协从洛阳北门逃出，而袁绍等人已经开始准备摆庆功宴。他们显然没把小皇帝当一回事，是尚书卢植不死心地循着张让逃跑的路线去营救皇帝。

这一追就追到了黄河边，当张让看到卢植时，心知气数已尽，就向皇帝磕头道："臣等死了，陛下自爱。"说完，扑通一声跳进了黄河里。就这样，刘辩终于可以打道回宫了。

在回去的路上，刘辩遇到董卓率军赶来护驾。谁知刘辩一见面相凶恶的董卓竟然吓得说不出话来，反而是陈留王刘协把事情的原委讲明白。

董卓得知刘协是董太后抚养长大的，就对刘协说："我是董卓，和董太后是本家，让我抱着你回去吧！"于是，董卓就这么抱着刘协回到了皇宫。

董卓当然不是为了辅佐皇帝。当时东汉江山风雨飘摇，四方群雄蠢蠢欲动，董卓赶来护驾，不过是想从中捞点儿好处。回到皇宫以后，董卓自封为司马，开始实施自己的计划，首要的便是扩大自己的权力，将陈留王扶上皇位。

董卓找到袁绍，对他说："当今天子年幼愚昧，不应该做万乘之主。"袁绍虽然有称霸之心，但当时并无造反之意，当然不赞同董卓。哪知董卓竟拔出剑来，怒目喝斥袁绍，说："我有心重用你，你却不识抬举，今天不杀了你，早晚是祸害！"袁绍当然不是好欺负的，毕竟袁家四世三公，都很有威望，见此情形他也将宝剑拔了出来，两人就这样僵持不下。说到底，董卓还是要考虑袁绍的势力，而袁绍也忌惮此时的董卓。当晚，袁绍就离开了京城洛阳。

袁绍一走，重兵在握的董卓就完全没有阻碍了。很快，他废掉了少帝刘辩，降其为弘农王，转而将陈留王刘协立为皇帝。

但董卓深知自己立刘协实属名不正言不顺，如果有人想取代自己，刘辩自然会成为最好的工具。因此董卓派人将毒酒献给刘辩，谎称说："服此药，可以辟恶。"生来就被人摆布的刘辩自知大限将至，但又不甘心，拒绝道："我没有病，只是你们想要杀我罢了！"来人见刘辩不喝，就强行将毒酒灌给刘辩。刘辩的妻子唐姬与其他宫人皆饮酒相送。在饮酒过程中，刘辩悲歌道："天道易兮我何艰！弃万乘兮退守蕃。逆臣见迫兮命不延，逝将去汝兮适幽玄！"自此，刘辩无法自主的一生落下了帷幕，而这对于东汉的乱世来说却只是一个前奏。

董卓画像

> **小知识**
>
> 刘辩被董卓废黜为弘农王，成了东汉史上唯一一个被废黜的皇帝。刘辩被迫服毒酒而死，唐姬则活到了"李傕之乱"以后。后来，贾诩得知唐姬尚在人世，便告诉了汉献帝。汉献帝感怀刘辩的悲惨人生，遂将唐姬重新封为弘农王妃。唐姬的余生则在弘农王的墓园中度过，不知何时终了。

末代皇帝落难记
——献帝不甘做傀儡

汉献帝刘协,只不过是空有皇帝之名罢了。但他最无奈的,是自己的人生总是逃不开"傀儡"二字。

汉献帝继位以前,在宦官与外戚的争斗里他就充当了宦官的傀儡。好不容易肃清了外戚何进集团和宦官张让集团,又出现了一个董卓。虽说如果没有董卓,他这辈子只能是一个陈留王。但有了董卓,登上皇位的汉献帝却又沦为傀儡。

汉献帝也想重振东汉江山,无奈他连自己的自尊都无法保全。

公元192年,董卓倒台,但这并没有换回汉献帝的自主权。当时的东汉已经陷入割据混战的局面,而皇帝无非是一次又一次地沦为权臣的傀儡。在分裂的局面下,汉献帝无法久居洛阳,开始了四处流窜的逃亡生涯。

公元196年,刘协终于离开了战乱不断的关中地区。当他回到已成一片废墟的旧都洛阳时,心中对物是人非的感怀已经令他不能言语了。但这毕竟是东汉的皇城,即使已经残破不堪,汉献帝也要守在洛阳。因为只有在这里,他才能找回皇帝的真实感,能够按照自己的心意发布诏令。

然而,本以为可以在洛阳安定下来的汉献帝想错了。没多久,曹操便率领军队来到了洛阳。此时的曹操当然不是早年被人鄙视的宦官的孙子、乞丐的儿子的人了,他已经成为中原腹地不容小觑的军阀。汉献帝从见到曹操的第一眼起就已经明白:自己又要变成傀儡了。

果然,曹操来到汉献帝身边也是看中了他的皇帝身份。但曹操没有立即将汉献帝赶下台,而是选择"匡扶"已经风雨飘摇的东汉政权。曹操这一个决定,是为了能"挟"住汉献帝,说到底还是为了让自己在军阀争战中有个名正言顺的借口。

曹操这一"挟",可以说是改变了汉献帝后半生的命运。虽然曹操来到汉献帝身边以后,汉献帝看似拥有了帝王的权威,但是他知道,一个新的帝国即将在东汉江山废墟上崛起了。

已知无可挽回的汉献帝曾试过挣脱傀儡的命运,但最后以惨烈的失败告终。

公元199年,18岁的汉献帝再也无法忍受独揽大权的曹操。他做够了傀儡,也受够了身为傀儡所带来的屈辱。于是,他任命岳父董承为车骑将军,秘密写下了衣带诏,授意董承联络汉室大臣设法铲除曹操。结果事情败露,曹操的权威非但没有被撼动,反而导致参与此事的董承、吴子兰、种辑等人被诛灭三族,连同怀孕的董贵人也没能幸免。

此时的汉献帝仿佛失去了最后一根救命稻草,绝望万分。在这种时候,伏皇后却不肯认命,她认识到了曹操的残忍和蛮横,于是联络自己的父亲伏完,历数曹操残暴不仁之事,希望伏完能够效仿董承,铲除权臣。但有董承一事在先,伏完终究没有胆量与曹操交锋。即便如此,当事情暴露,伏氏宗族百余人还是为此付出了性命代价,伏皇后与刘协所生的两位皇子也被曹操用毒酒毒杀。

汉献帝的傀儡生涯并没有就此结束,在这一场以死亡为代价的反抗中,汉献帝彻底明白了自己只能是一个傀儡,这是他无法逃脱的命运。

公元215年,汉献帝这个末路皇帝再也没有能力和曹操抵抗了,他除了认命别无他法。不久,曹操将自己的女儿送到汉献帝身边,逼迫他将其女立为皇后。纵使汉献帝心有不甘,他也唯有听命于曹操,东汉江山的倾颓仿佛只是在转瞬之间,而汉献帝所看到的,正是一个曹姓王朝的兴起。

小知识

史学家胡三省是这样评价汉献帝的:汉献帝并不是一个昏庸无能之辈,之所以在他手里终结东汉一朝,是因为他只不过是一个空头皇帝而已,"威权去已"。曹操死后,曹操之子曹丕逼迫汉献帝刘协禅让皇位。至此东汉结束,曹丕建立魏朝,封刘协为山阳公。公元234年,刘协寿终正寝。

别开生面的送别仪式
——学驴叫的曹丕

曹丕和曹植是同父同母的亲兄弟,可他们并不像谚语"上阵不离亲兄弟"那般,反而在军国大事面前争个你死我活。毕竟曹操建立的帝国只需要一个继承人,而他们自小被父亲灌输的思想就是"成王败寇"。最后曹丕成为魏国的开国皇帝,在这个过程中,他击败了自己最强的敌人,也是父亲曾经最看重的接班人——曹植。

曹丕之所以成功,是因为他懂得"侠骨柔情"。在父子情谊间,曹丕不仅向曹操证明自己有齐家治国平天下的能力,还向其表露出深厚的爱父之心。不仅如此,曹丕还是一个随性达观的人。

魏晋时期,"建安七子"中的阮瑀、陈琳、王粲、徐干、应场、刘桢,都是曹丕和曹植的好朋友。这些大才子经常跟随曹丕、曹植兄弟,聚集在魏都邺城,进行文化交流。中国文学史上最慷慨深沉、意气昂扬的"建安文学"就这样诞生了。为此,历史上把曹丕、曹植兄弟和"建安七子"在那个时期的交游,称为"邺下风流"。

有一回,这些人在曹丕府里饮宴,喝到兴起,曹丕见席间无以为乐,居然想起自己的夫人来了。

曹丕的这位夫人,就是历史上有名的美女甄氏。曹丕把甄夫人叫出来,让她一同入席。这下阮瑀等人可为难了,世子是好朋友不假,但他说不定就是日后的皇帝,那么谁还敢看尊夫人呢?大家一个个低着头,眼皮也

魏文帝曹丕画像

不敢抬。

只有刘桢胆大,心想,他自己都不在乎,我还拘泥什么呢?索性抬起头来,一饱眼福。没想到这一个举动惹恼了曹操,他听说之后立刻把刘桢治了罪。要不是曹操被劝住,刘桢险些就被他杀了。

"建安七子"里成就最高的,当属王粲了。他的《登楼赋》,非常有名。王粲是"七子"里最后一个去世的,曹丕这时已经是魏国的太子。他带着文武官员们去给王粲送葬。眼看这些朋友一个个凋落,曹丕心里难过,却又不知怎么表达追思才好。

这时,他想起王粲的平生嗜好,就对官员们说:"王仲宣(王粲,字仲宣)生前最喜欢听驴叫,我们就一起来学驴叫,为他送行吧!"官员们面面相觑,不知所以,但又不敢不叫。

于是,在曹太子的带领下,大家齐声驴鸣,声音此起彼伏,把王粲的葬礼搞得别开生面。

小知识

据说,曹丕被曹操立为太子后,心情非常激动。他回到府中,见到前来祝贺的大臣辛毗,竟然不顾君臣之礼抱住辛毗。辛毗回府之后,他的女儿辛宪英看到父亲的表情有些尴尬,就询问缘由。当得知曹丕因成为太子而如此兴奋,辛宪英不由得感叹道:"太子,是将来接替君王治理国家的人。接替君王登基就位,不可不感伤悲戚,治理国家临朝听政不可没有危机感。现在,曹丕刚被立为太子,本来是感伤危惧之时,怎么能得意忘形呢?这可不是好兆头。是不是预示着魏国的将来不会昌盛?"果不其然,在30年后,魏国的大权落到了司马昭父子的手中。

第二章
开国与守成中的武将文臣

只动口舌不动刀兵
——岑彭劝降朱鲔

更始政权在刘玄被俘以后,已经名存实亡。尽管如此,残余的力量仍然死守着一些重要城池,其中朱鲔所占据的洛阳对东汉日后的意义可谓十分重大。朱鲔在自知无法抵抗刘秀大军的情况下,仍然不肯屈服。这种坚持并不是来自他的骨气,而是源于一段血亲之仇的旧事。

原来,在朱鲔夺得洛阳之前,镇守此处的恰是刘秀的哥哥刘演。当年刘演被杀,朱鲔正是始作俑者。不仅如此,在刘秀尚未形成自己的势力,还在为更始帝卖命时,有一次更始帝派刘秀安抚河北,朱鲔担心刘秀回到河北会建立自己的势力进行报复,因而拼命反对,险些令刘秀无法脱身。

有这两次大仇,朱鲔与刘秀,基本上可以说是当时最难解的死敌关系。如今更始政权分崩离析,朱鲔镇守的洛阳城孤立无援,面对虎视眈眈的刘秀,他虽然无奈,却也只能死守。刘秀属意洛阳作首都已经是不言而喻了,朱鲔想要居安成了痴人说梦。打又打不过,投降也是死。朱鲔的境地为难至此却没有解决的办法。一日日的困守,虽然汉军始终无法攻克洛阳,但是洛阳早晚有弹尽粮绝的一天。尽管刘秀几次派出使者劝降朱鲔,但朱鲔哪里肯就范。他心里明白,自己不仅害死了刘演,而且三番两次地加害刘秀,这种情况谁能容得下自己。反正横竖都是死,还不如守到最后有尊严地死去。

就在朱鲔与刘秀僵持不下之际,刘秀手下的将领岑彭自告奋勇跑去劝降。岑彭原本是朱鲔麾下的指挥官,两人的交情不错。整日被刘秀大军逼迫的朱鲔在这种压抑时刻很需要一个相识已久的朋友谈谈心。刘秀派岑彭劝降,可以说是节省兵力解决问题的最好办法。

岑彭一见朱鲔,便向其喊话,大致意思是如今更始政权不复存在,死守洛阳实为下下之策,良禽择木而栖,何不早些归顺?

朱鲔听了岑彭的劝告,只能苦笑着摇头,他对岑彭说:"当年害死刘演,我是主谋之一。这种血债,我只能用血偿,投降只会让我更加没有尊严地死去。"

岑彭得知原委以后,明白朱鲔并不是冥顽不灵、不愿意投降,而是因为心有顾虑，进退两难。于是，岑彭将朱鲔的话转述给刘秀。刘秀想，成就大事自然要有不拘小节的心胸，虽然是血债，但眼前事关整个天下的大事，因此刘秀表示不会追究。不仅如此，刘秀还称，只要朱鲔愿意投降，可以将他原有的官职和爵位统统保留，他甚至以黄河起誓，表达自己不会食言的决心。

再一次来到洛阳城下，岑彭是带着刘秀的承诺来的，当这番话转达给朱鲔后，朱鲔仍然无法放下顾虑。为了验证岑彭所说的真实性，他命令手下从城头扔下绳梯，告诉岑彭说："如果你愿意从绳梯上爬上来，我就相信你。"

刘秀手下的"云台二十八将"，其中就包括岑彭。

朱鲔本是想要试一试岑彭是否说假话，没想到岑彭竟然想都没想就抓住绳梯开始往上爬。这时候，朱鲔终于相信岑彭所说并非虚言。

这件事情之后，朱鲔终于对刘秀放下了防备，决定放下武器，向刘秀投降。而刘秀也没有食言，不但没提过去的仇恨，还对朱鲔以礼相待，当天便将朱鲔释放，还原封不动地保留了他的官职和爵位。这场战争，刘秀没费一兵一卒就将朱鲔收服，仅凭着几句来往的口信，便将洛阳占领，足以见刘秀的政治才能。

> **小知识**
>
> 朱鲔原本只是普通农民。王莽末年，南方饥荒连年，农民走投无路，纷纷起义，很快结成一股农民起义军——绿林军。朱鲔正是当时绿林军首领之一。公元23年，绿林军将刘玄拥立大汉宗室更始帝，朱鲔被封为大司马。更始政权进入长安之后，刘玄加封诸将。这时刘玄要封朱鲔为胶东王，可是朱鲔却坚持汉高祖曾制定的"异姓不得封王"原则，没有接受封赏。

躲不过的对手
——延岑投降灭族

公元35年,刘秀派岑彭、吴汉率领大军攻打公孙述。岑彭素来用兵出奇制胜,在战场上更是充分发挥了自己的用兵技巧。公孙述这次的失败可以说相当致命,情急之下,他只得派出手下最得力的大将延岑率领汉中精兵南下抵抗。

延岑接到公孙述的命令后,当即率军星夜赶去与公孙恢的部队会合,分别把守广汉、资中两地。延岑和公孙恢的军队在岑彭大军的压力下筑起了严密的防线,试图全力阻挡岑彭进入蜀郡。

同年八月,岑彭派副将臧宫先走平曲的小道,再沿着涪水逆流而上。而在涪水上游地区驻守的部队恰好是延岑的主力军。由于事前没有一点征兆,臧宫突然发动袭击,延岑来不及应战就已经被漫山遍野的汉军大旗吓退了。这一仗,即使延岑已经下令撤退,其部队还是被臧宫的部队打得溃不成军。延岑足足损失了万余士兵,那清澈的江水都被士兵的鲜血染红了。

延岑这次的失败,对他来说是重创,虽然他侥幸在亲信的掩护下逃到了成都,但一路上也是狼狈至极。延岑的大部队都已经向臧宫投降了。而延岑随军带着的马匹、珍宝基本上都落在驻地,成了臧宫的战利品。

延岑吃了败仗,但公孙述对他没有过多的责罚,甚至连官位都给他保留,还是一如既往地倚重他。到了公元36年十月底,吴汉、臧宫等人再次率领南征大军,直接攻打公孙述所在的成都城。当汉军压在成都城脚下,眼见成都即将陷落,延岑却不死心地找到了公孙述。他一面向公孙述陈述自己想要报仇雪恨、坚定守城的决心,一面又出重金招募死士,实行突袭汉军的计划。

这年十一月,延岑开始准备反攻。重赏之下必有勇夫,延岑掏出了真金白银,死士们也果然卖命。延岑一举突袭吴汉,大败汉军。

吴汉在这一仗中被延岑伤得不轻,节节败退也就算了,还被打进水里,差点丢了性命。要不是吴汉当时死死抓着马尾巴,恐怕就要命丧成都城了。

而延岑不仅打赢了吴汉,还把汉军的粮草都夺来了。这次胜利让公孙述喜不自禁,本来已经是处于极大劣势,现在情形被延岑给扭转为优势。公孙述一边嘉赏延岑，一边办起了庆功宴。

吴汉这一仗被延岑打得这么惨，肯定觉得很没面子，而且粮草也没了，连后勤保障都无法维持还怎么打仗。灰心丧气的吴汉想要从成都退兵回去，幸好张堪苦口婆心地劝阻了一番，他才又鼓起信心围困成都。毕竟和延岑是交战了十几年的老对手，此次又害自己如此狼狈，吴汉心里实在咽不下这口气，想要找个机会报复延岑。

公元36年十一月十八日，吴汉只剩下能够维持七天的军粮。这时候，他必须考虑出兵攻城还是退兵。而延岑还在成都城，吴汉必然不能忍受，所以下达了猛攻成都城的命令。吴汉大军来势汹汹，延岑一听，笑道："手下败将，还敢来叫战？"于是，延岑亲自率领主力军队迎战吴汉的进攻。在他的带领下，汉军连续三次冲锋都被他打了回去。

这次交战，可以说是难分难解，从清晨厮杀到正午，也没见谁占了优势。此时，两军都耗光了力气，便决定休战回去各吃午饭。想不到，吴汉这个人很不实在，竟然在延岑军队休息的时候发动了突袭，吓得延岑赶忙退兵。

在吴汉和延岑交战的时候，公孙述去哪儿了呢？原来他在观战。公孙述可能太过相信延岑，两军拼命打仗的时候公孙述看热闹竟然没找个安全的位置。当吴汉军队偷袭过来时，延岑没什么事，一旁观战的公孙述却被刺成了重伤。

公孙述被拖回城以后，草草将后事托付给延岑，希望他能战斗到底。

谁知公孙述一死，延岑就变脸了。他知道自己做不了老大，不如跟随刘秀，也许还有前途。因此，延岑打开城门向汉军投降。

然而，延岑的投降并没有为他换来荣华富贵，反而导致他更没尊严地死去。吴汉一声令下，延岑被推上了断头台，他一家老小百余口人也没能幸免，都被屠杀殆尽。

谁也没想到，投降的延岑不仅没为自己换回平安，反而被灭了族，这是战争年代的悲哀啊！

小知识

延岑于王莽末年趁乱起兵，之后向更始政权大将刘嘉投降。更始政权崩溃后，延岑割据自立，曾一度占据关中三辅，自称为武安王。后来，延岑被刘秀大将冯异击败，又陆续依附过秦丰、公孙述，继续对抗汉军。等到公孙述被杀，延岑投降汉军，最后为汉军将领吴汉所杀。

将军还是好厨子
——冯异与刘秀的好交情

刘秀和哥哥刘演在更始帝政权下做事时,由于刘演官至大司马,声威过高,最后因更始帝刘玄猜忌他而被杀害。

刘演一死,刘秀在朝廷里举步维艰。一方面他没有哥哥刘演的影响力大,另一方面政敌早就想置他于死地,而且刘秀还知道自己也遭到刘玄的猜忌,因此说话做事都变得更加谨慎,甚至连哥哥死了都不敢露出悲伤的情绪。

刘秀心里难过,但他得忍着。这种滋味并不好受,积压到一定程度,刘秀还是会有崩溃的时候。但刘秀不敢让别人看到自己沮丧,更不想被人看到自己软弱的一面。他只能在无人的时候自己偷偷流眼泪,悼念哥哥。

跟随刘秀作战的将军冯异了解刘秀的难处,就趁刘秀身边没有人的时候上前劝告他要节哀振作。刘秀被戳中了痛处,赶忙装作若无其事的样子,否认了冯异的猜测。冯异见刘秀对自己仍有所防备,叹息道:"我选择追随主公,就是下定决心与您休戚与共。现在天下需要汉室的复兴,而更始政权掌握在残暴之徒手中,还望主公积极行事。"刘秀听了这一番话,大受鼓舞,决定重整信心,建立功业。

这时恰好赶上河北动乱,于是刘玄就想到派刘秀去安抚河北。刘玄糊涂,但他手下的官员们并不糊涂,此时放刘秀去河北,无疑是放虎归山。因此刘秀去河北一

"大树将军"冯异画像

事始终受到阻挠。冯异得知后,向刘秀提议道:"更始朝中的曹竟、曹诩父子权力颇大,一个为左丞相,一个为尚书,能与曹氏父子结好,自然容易脱离朝廷中心。"果不其然,后来刘秀能够以破虏将军行大司马事的身份前往河北,正是得到了曹诩的帮助。

后来,王郎在邯郸自立为王,这令刘秀一度陷入窘境。这时,尚在蓟县的刘秀为了尽快赶到邯郸平定王郎之乱,便连夜行军。可是到了饶阳县境内的无蒌亭地区,却赶上天寒地冻的恶劣天气,北风凛冽,饥寒交迫的刘秀只好停下来驻扎休息。这时,冯异不知从哪里找来了一些豆子,煮了一碗豆粥给刘秀喝。第二天早上,刘秀十分高兴地说:"昨晚喝了冯异的豆粥,肚子不饿了,身上也暖了,实在是太好了!"

冯异这个大将军在行军困难时充当厨子给刘秀做饭,可不止这一回。等到刘秀率军走到南宫县时偏偏又遇到了大风雨,接连受恶劣天气的影响,刘秀只得命队伍先到废弃的民宅躲雨。到了民宅,刘秀身上的衣服都已经湿透了。冯异见状赶忙找来木柴,生火给刘秀烘烤衣服,同时还找到了野菜和小麦,顺手又给刘秀做了一碗麦饭。

前后吃过冯异两顿饭的刘秀心里对他很感激。多年后,当冯异大败赤眉军和公孙述凯旋时,身为皇帝的刘秀不仅亲自迎接他,还当众感叹道:"当年冯异是我的主簿,在我们披荆斩棘平定关中时,对我有豆粥、麦饭之恩。这种情谊,我还没有报答他啊!"于是,又命人赏了冯异许多金银珠宝。

> **小知识**
>
> 冯异为人谦虚,从不居功自傲。当时,跟随刘秀的开国将领们经常趁着征战间隙聚集在一起吹捧自己的战功,每每此时,冯异总是默默地躲到大树下,不参与他们的讨论。因此,士兵们给冯异取了个"大树将军"的雅号。

请不要"网开一面"
——吴汉的临终遗言

云台二十八将里立战功最多的,要属吴汉了。而吴汉却注定只能排在第二,因为排在第一的邓禹不仅是刘秀的同学,还是吴汉当初的推荐人。论资历,吴汉差了邓禹一大截。

吴汉战功虽多,但和同样善于作战的刘秀比起来,完全是两种人。刘秀体恤下属,在战场上总是亲自上阵和士兵们并肩作战。吴汉自幼贫苦,养成了一种武力争夺的性格,这间接导致了他在领兵时出现很多抢夺事件;而刘秀的作战方式也是无所不用其极,凡是能想到的阴谋诡计,只要能取得胜利,不顾后果就用。刘秀和吴汉虽然性格迥异,却能合作成就大业。

有一次,刘秀想要从幽州征兵,而此时幽州在更始政权的管辖下,首领又是与刘秀貌合神离的苗曾。刘秀知道直接去找苗曾借兵是不大可能的事,就找自己的军师邓禹商量。邓禹想了想,说:"间数与吴汉言,其人勇鸷有智谋,诸将鲜能及者。"意思是这事可以交给吴汉,但解决的办法不一定光明磊落。

光武帝锡封褒德

在得知吴汉仅带着二十名骑兵来拜见时,苗曾简直就没把他放在眼里,于是大摇大摆地出来迎接。没想到见面后,吴汉二话不说直接就把苗曾的头砍了下来。苗曾一死,幽州其他的将领再也不敢有所举动了,于是吴汉顺利地带回了幽州的兵马,没费自己一兵一卒。

不过,幽州的军队并不好用。虽然幽州军以骁勇善战著称,但这支军队基本上是由西汉的精锐骑兵组成的,尽管战斗力高,却只是

佣兵。这支强大的佣军,成员大部分来自西域,刘秀无法驾驭,毕竟要从本来就吃紧的财政中再拨出一部分给这些佣兵,实在有些吃不消。这时候,邓禹又提议了:"不如交给吴汉统领。"于是,这支军队便转到吴汉手中了。

吴汉能控制住佣军,肯定有他的办法,这令刘秀对他另眼相看。因此,当更始帝派尚书令谢躬联同刘秀一起进攻割据邯郸的王郎时,刘秀知道谢躬是个人才,就想趁机将他收为己用,谁知谢躬不同意。刘秀知道留着谢躬一定是个后患,就计划除掉谢躬。但这种坏事毕竟不适合正义凛然的刘秀来做,这时候他又要请吴汉出场了。

当时谢躬还守在邺城,刘秀便写信诱骗谢躬,让他出兵攻打青犊军。如果青犊军战败,必然引起尤来军的恐慌,又可以趁机攻下尤来军。谢躬听到自己一下子可以领两个战功,就出兵离开了邺城。可就在谢躬忙着和尤来军交战时,吴汉已经率军把邺城攻占了下来。占领了邺城还不算,吴汉还找来降将假装一切如初。等到吃了败仗,率兵返归的谢躬一到邺城,吴汉就把他抓住了。吴汉知道刘秀心软,就替刘秀把狠心的事给做了,谢躬就这样被自己人砍了脑袋。

公元44年,吴汉病危。得知此事的刘秀亲自探望吴汉,询问他还有什么想说的话,以及身后之事有何打算。这时吴汉没有考虑自己的家人,而是对刘秀说:"臣愚昧无知,只愿陛下慎重,不要轻易赦免罪犯。"吴汉知道刘秀为人心软,容易宽恕别人,因此吴汉这个大司马临死都为刘秀的江山着想,这也是吴汉身为臣子为刘秀所做的最后一点儿贡献了。

吴汉死后,刘秀赐其谥号"忠侯",并且发动北军五校、兵车、甲士为其送葬。这正是效法西汉大将军霍光的丧礼,可见刘秀对吴汉的重视。

小知识

有一次,吴汉带军出去打仗,他的妻子趁此买了块田。吴汉回来发现后,大骂道:"军师在外,吏士不足,何多买田宅乎?"于是,吴汉把刚买回来的田都分给了兄弟外家。

贤妻有贤戚
——阴兴与刘秀的秦晋之好

阴丽华被刘秀接回皇宫的时候，还带上了同母所生的亲弟弟阴兴。阴兴身为皇帝的小舅子，自然也受到了皇帝的优待。

不过，阴兴被封侯后，并没有因为妹妹阴丽华的关系变得恃宠而骄，在为官期间显出了贤德的风范。

当时，阴兴与同乡的张宗、邻乡的鲜于褒关系十分紧张，但阴兴并没有借助外戚的身份打压他们，反而在刘秀让阴兴推荐官员时，向刘秀推荐了他们。相反地，与阴兴交好的张汜、杜禽始终都没有做官的机会，因为阴兴明白他们是属于华而不实的一类，所以只在钱财上帮助二人。由此可见阴兴的正直贤良。

有一次，刘秀想要封阴兴为关内侯，连印绶都拿出来了，但阴兴不接受。刘秀不明所以，就询问阴兴是否有不满。阴兴说："我没有冲锋陷阵的功劳。况且阴氏宗族已经有多人受封加赏了，更承蒙您宠爱阴贵人，这已经是我的富贵了。除此以外，我不敢蒙受您其他恩德。"刘秀一听，便没有强求阴兴接受加封。

这件事被阴兴的姐姐阴丽华得知，阴丽华问他原因，阴兴回答说："贵人您没有听过'亢龙有悔'吗？越是在高位越易遭灾难，外戚之家苦于自己不知进退，嫁女就要配侯王，娶妇就盼着得公主，臣心中实在不安。富贵总有个头，人应当知足，夸奢更为舆论所反对。"阴兴这番话令阴丽华感触颇深，没想到自己的弟弟竟然如此维护自己。此后阴丽华更以身作则，也更加克制自己。正因为阴丽华、阴兴姐弟的贤德，不但没有给光武帝刘秀带来烦恼，反而帮助刘秀解决了很多朝廷上的难事。后来阴氏的亲友请求阴兴帮忙加官进爵，阴兴也从未应允过。

后来，阴丽华被加封为皇后，她与刘秀的长子刘庄也封为太子。这时，教育刘庄的问题成了刘秀的心头大事，想来想去，刘秀最后决定找来刘庄的舅舅阴兴和其同父异母的兄长阴识共同辅导皇太子刘庄。一方面阴兴的确有大德，另一方面阴兴毕竟是刘庄的亲舅舅，在辅导刘庄的事情上会格外尽心尽力。

眼看刘庄一天比一天聪明懂事，刘秀十分满意阴兴的教导。阴兴是难得的人才，又是自己老婆的亲弟弟，所以刘秀比较信赖阴兴。适逢大司马吴汉病故，于是刘秀提议让阴兴接任大司马一职。但阴兴依然不愿意接受刘秀的加封,他又是磕头又是流泪,连连退让,说自己才能不够无法胜任高位,怕会影响刘秀的圣德。这次刘秀也没能加封阴兴。刘秀称帝后,在政治上仍然经常征询阴兴的意见,可见刘秀与小舅子阴兴的关系有多好。

公元47年,年仅39岁的阴兴卧床不起。刘秀得知后,赶忙放下手头的政务去探望阴兴。不久,阴兴去世。直到去世,他也不过是个普通官员。但他的贤德被后来的明帝刘庄铭记在心里。

公元58年,明帝刘庄登基后第一件事就是下诏表彰阴兴:已故的侍中、卫尉、关内侯阴兴,管领禁军,跟随先帝平定天下,他的军功应该光荣地受到封爵奖赏,同时各位舅父也应按成例蒙受恩泽。但都被阴兴推让了,他安居于里巷之中。他曾辅导朕,体现了周昌般的正直,在家中仁孝,也具备曾子、闵损(闵子骞)等人的品行。他不幸早年去世,朕感到十分伤悼。贤人的子孙,应给予优异的待遇。现在封阴兴的儿子阴庆为鲖阳侯,阴庆之弟阴博为隐强侯。将阴兴追谥为翼侯。

> **小知识**
>
> 据说阴丽华、阴兴他们的祖先原本是齐国贤相管仲,后来因为管仲的七世孙管修在楚国阴地任大夫,于是改姓阴。

人红遭嫉妒
——身死蒙冤的马援

刘秀自然算是明君,单从他建国称帝后没有斩杀功臣这点来看就已经很难得了。当年跟随刘秀征战的云台二十八将,不仅个个加官加爵,还大多得以善终。但其中有一个人,在死后蒙受了29年的冤名。

这个人就是马援。

其实,马援当年被冤,刘秀何尝不知,毕竟马援行军作战都是事先请示过刘秀的。但是,在重大失误面前,黑锅自然要找一个人来背。

不过,为何在众多将领中唯独要找马援来替自己背黑锅呢?这就要从很多年前马援和刘秀的一次争论说起。

当年,马援尚未归附刘秀,而刘秀对马援很是欣赏,于是就发生了这样一段对话。刘秀说:"都怪我这个皇帝能力不足,才使马将军在两个皇帝间奔波劳累。"很显然,刘秀是在表达马援没有首选自己,感到很可惜。但马援偏不领情,说:"汉帝陛下,当今世道,不光是帝王选择臣子,做臣子的也应当选择君主呀!"马援这句话就刘秀听来格外刺耳,况且此时刘秀已经为一国之君了。马援说完这句话似乎还不满意,又补了一句:"陛下您就真的不怕我马援是一个刺客吗?"这话完全是大逆不道了,虽然刘秀脸上保持着微笑,没有做出反应,但在心里已经疏远了马援。

这件事以后,马援算是得罪了刘秀,即使在日后马援为刘秀献计攻打隗嚣,也难以改变刘秀心里对他的排斥。

马援雕像

芥蒂归芥蒂,对于善用人才的刘秀来说,马援还是有很多地方值得欣赏的。马援"伏波将军"的大名并非浪得虚名,君臣间在行军打仗上很有默契。

刘秀一次次派马援出征,而随着马援的威名越来越大,做皇帝的刘秀心里又开始不舒服了。哪里有臣子的风头大过皇帝的! 更要命的是,马援这个人除了会打仗以外,还很豁达。每次胜利,马援都会将自己得到的奖赏分给手下的将士。此种举动,马援虽然无心,但观者有意。而将士们在马援的关照下对他越来越敬重,竟然一时忘我地向马援喊出了"万岁"。

常言道,人切莫太红,太红是要遭人嫉妒的。马援毕竟是之后升上来的将军,他的风头此时却盖过了一直跟随刘秀打天下的功臣们,这自然令其他人很不开心;况且马援在军中的风头还盖过了皇帝,这回连刘秀都要嫉妒他了。

尽管马援从没有造反的心思,但他在无意中一天天形成自己的势力,刘秀看在眼里还是有危机感的。

刘秀与马援之间的矛盾真正爆发是武陵蛮夷暴动时。在国家危难面前,马援主动请缨。然而,他这个举动并没有感动刘秀,反而让刘秀抓住了机会。当时天气酷热,加上瘟疫横行,许多士兵没死在战场却被瘟疫折磨倒了,连马援也染上了重病。几乎全军都在生病,战争境况自然不会有多好。

这时,刘秀便适时地找来与马援有过节的梁松去前线调查。梁松领了旨意,反正天高皇帝远,实际情况如何还是要靠自己说给皇帝听,这不正是报复马援的好机会吗! 万万没想到的是,当梁松抵达前线时,马援已经因病去世了。这下满腔怒火无处可发的梁松可憋坏了。于是,他捏造马援贪污的证据,又暗通刘秀,在奏报里指出马援进军方案失误。马援人已经死了,即使有种种污蔑,也无法辩驳了。可怜墙倒众人推,在梁松的指控下,又跑出来一些地方官员也附和着数落马援。

在"民意"的批评下,刘秀只好"为难"地彻查马援。证据早已经准备好,等到彻查结果出来以后,刘秀"震怒"了。就这样,马援虽死,却蒙受了不白之冤,被剥夺一切职位。他算是东汉开国功臣中下场最凄惨的将领了。

但历史自有公道,当马援女儿的孙子汉章帝继位,马援终于得以平反昭雪,不过这已经是他死后29年的事情了。

小知识

马援在演示军事策略时,曾命人取来大米,在光武帝刘秀面前用米堆成山谷、沟壑等地形地貌,然后讲解山川形势,又标示各路部队进退往来的道路。复杂的地形地势完全显露出来,令刘秀对他的分析一目了然。马援的"堆米为山"是世界军事史上的一项杰出发明,后来"军用沙盘"正是由此发展演化而来。

云台第一将的失败
——邓禹的污点

刘秀定都洛阳后,便将矛头指向了长安。一方面是因为长安城作为西汉古都,是全国政治中心,属于战略要地,另一方面是此时赤眉军的最后力量正集结在长安,想要稳定东汉政权,赤眉军是必须移除的障碍。

这样重要的战役,要派出不一样的将领,这个不二人选当然是邓禹。

这年的邓禹不过24岁,能够居云台二十八将之首,自然有他的本领。但邓禹这次出战长安,却成了他永远抹不去的人生污点。

邓禹领兵两万出征,一路招降,队伍居然壮大到百万余人。而在攻打长安这种刻不容缓的事情上,邓禹却显出了谨慎的一面。他越是按兵不动,刘秀越是着急。等到终于要进攻时,邓禹竟然自作主张放弃攻城,转而折向北方。

刘秀再也抑制不住不满的心情,派人给邓禹送去一封亲笔信。刘秀信中大致内容是说:"大司徒您现在所做的正如尧的事业,长安城内的赤眉军就如那夏桀暴徒。如今长安百姓处于水深火热之中,您应该要把握机会,及早讨伐暴徒,维系百姓之心啊!"

邓禹画像

这封信里,虽然刘秀委婉地表明了对邓禹做法的不满,但这不是重点,真正的重要之处在于刘秀在批评邓禹的时候并不是下诏,而是写了一封亲笔私人信。君臣之间能做到如此,可见刘秀给了邓禹天大的面子。

邓禹坐镇在长安城外按兵不动,虽然受到了远在洛阳城的刘秀的批评,但他坚持认为自己没有错。邓禹始终认为在赤眉军物资充足、士气正旺之时进攻,只会两败俱伤,等到自己先一路向北攻打其他诸县,有了声威,做好准备以后,即使不进攻,长安城内赤眉军也会自乱阵脚。

果不其然,过了没多久,长安城内的赤眉军就乱成一团。

在赤眉军十万人的挥霍下,长安城内的物资很快就见了底。于是,赤眉军的将领做出了一个决定:撤出长安。

只要赤眉军从长安一走,邓禹就可以不费一兵一卒地占领长安了。

但赤眉军岂是善类,他们在临走之前,对这座古城进行了最后的掠夺。从皇宫到百姓家,凡是能带走的东西都抢走,不能带走的东西就烧毁。等到邓禹率军进入长安城时,城里已经是一片狼藉。

赤眉军离开不久便遇上隗嚣的部队。两军交战时,突然下起了大雪,赤眉军损失惨重。无奈之下,没有御寒衣物的赤眉军只得重返长安城。

赤眉军回来得突然,邓禹连准备都没来得及做,就被打个措手不及。而最要命的问题是,赤眉军面对已经抢无可抢的长安城,竟然丧心病狂地把主意打到死人头上。于是,西汉皇陵一座座被掘开,坟冢里陪葬的金银珠宝被洗劫一空,连皇帝身上的金缕玉衣都被扒走了。赤眉军还丧失人性地将吕后的尸体侮辱了一番。

没能保护西汉皇陵已经是不可推卸的责任。但邓禹更大的失败是在郁夷与赤眉军交战时,竟然被人多势众的赤眉军打得节节败退,直至退到长安城。此时已被赤眉军毁掉的长安城哪里还是避难之所,最后,邓禹只得放弃长安城,退守到云阳。

谁也没想到,云台第一将竟然是这样落败在赤眉军手中。更让人意想不到的是,赤眉军竟以此种方式重新回到了长安城。

邓禹征战一生,但长安之战却成了他人生中难以抹去的污点。

> **小知识**
> 邓禹与刘秀本是南阳同乡。当年刘秀两兄弟在南阳舂陵起兵,战功卓越,尤其是昆阳之战中的刘秀令邓禹十分佩服,但他一直没有机会与之见面。直到刘玄派刘秀安抚河北,邓禹得知后,便快马加鞭追上了刘秀。刘秀问邓禹为何如此急于见到自己,如果是想当官就找错人了。邓禹却回答:"我只希望您的威德加于四海,我自当效微薄之力。"此时刘秀尚无势力,邓禹便认定他,此后始终跟随。

一人胜过百万兵
——"战神"耿弇

公元29年,耿弇率兵攻打盘踞在山东的张步,对此,张步早已做好防备。不过耿弇对张步的防守阵线也有自己的对策。在被称为"战神"的耿弇的精密战略方案指挥下,张步的守城接二连三地被拿下。

等到临淄也丢了的时候,张步彻底恼怒了。既然手下作战不断失败,张步决定自己亲征耿弇,夺回临淄。于是他把自己的二十万大军都调来,心里盘算着:耿弇不是有"战神"之称吗?那么我就从军队气势上压过你,反扑耿弇应该是稳操胜券。

这时候,耿弇得到张步要来和自己拼命的消息,便不慌不忙地给刘秀写了封信,阐述了自己的战术,大致是说自己要据守在临淄,挖沟筑垒,等到张步率军大老远攻过来时,敌疲我打,敌退我追。到时候士气大振,加上有营垒可以依靠,应该在十天半个月之内,就能砍下张步的脑袋,收降张步的军队。

耿弇的计划制定得周密,他在实际战斗中对计划的实施也十分严格。如此作战,几乎是万无一失。而此时张步还气势汹汹地想着大败耿弇,夺回临淄城。耿弇在面对张步来势汹汹的二十万大军时并没有慌张,当他指挥着部下在淄水河畔布阵时,看到张步的将领重异叫阵,耿弇表现得十分淡定。

面对耿弇的无视,他的部下不淡定了,提议发动进攻,灭一灭重异的气焰。对此,耿弇认为假如现在出兵击败重异,有可能因此吓得张步撤兵。这样虽然获胜了,但歼灭张步的计划就要泡汤,日后张步还会东山再起,到时候可能更麻烦了。

想到这里,耿弇突然下令前线部队后退,并且一边后退一边要假装不敌张步的样子,诱使张步深入耿弇的守城。

果然,当张步看到耿弇的部队竟然悄悄地撤退,便更加嚣张了。这时候,张步几乎认定耿弇抵不过自己的攻击,自己必然会大胜而归,因此下令全体士兵全线追击。

张步率军开战,耿弇则派出刘歆、陈俊两支部队阻击张步,自己则率领精锐部队突击过去,直接将张步的大军一分为二。结果张步的军队还没开打就被搅乱了阵型,士兵们惊慌失措,不知该往哪儿冲杀,耿弇趁乱直接将张步的大旗砍倒。耿弇的士兵们看到张步大旗已倒，士气更加高涨。这场战争一直打到了天黑，这期间耿弇的大腿被飞箭刺中，但他没有停下攻击张步的步伐。

在耿弇对战张步的时候，刘秀也在赶往战场的路上，他担忧耿弇不敌张步，所以想亲自率军支援。这时耿弇已经胜了大半，听闻刘秀要来，好强的耿弇立即下令继续攻打张步。虽然人数不敌张步大军，但耿弇的军队胜在训练有素，最终大破张步军队。

经历了两次失败的张步再也不敢妄想战胜耿弇了，他决定趁乱逃回剧县。但在半路上，张步遇上了耿弇事前派出的埋伏军队，于是耿弇的军队一举将张步大军瓦解。

几天之后，当刘秀抵达临淄时，看到的是已经在庆祝胜利的耿弇大军。这次耿弇与张步的战争，刘秀对此评价极高，甚至将耿弇与西汉名将韩信相提并论，并慰劳耿弇的军队。刘秀本是一位极擅长作战的将军，而现在耿弇的战功连刘秀都要夸口称赞，可见耿弇的"战神"之誉名不虚传。

耿弇画像

> **小知识**
>
> 耿弇率军攻打张步，最后将张步打得落败而逃。刘秀得知后，高兴地对耿弇说："真是'有志者事竟成'啊！"此后，"有志者事竟成"这个典故也被人们用来形容一个人做任何事情，只要能怀着百折不挠的坚定意志去做，一定能获得最后的胜利。

预言里的富贵
——李通辅江山

穷人做官，即使是七品芝麻，仍然心满意足。可是李通不喜欢做官，于是就把官辞了。

要说李通是富二代可能并不准确，因为李通家族世代经商，并因此闻名于乡野，因此他应是富多代。不过不喜欢工作的富家公子李通并不是不学无术的败家子，他做官的时候，还是很能干的。李通走向仕途，和他父亲李守有着非常大的关系。

李守这个人既会经商又能当官，还喜欢天文历数和预言凶吉的图谶之学。李守没事就研究图谶里的预言，没想到竟然看到"刘氏复兴，李氏为辅"这八个大字。当时的李守看到这句话还算淡定，可是这事被李通知道后，李通就变得不淡定了。

时值新莽末年，眼看王莽政权已经摇摇欲坠，天下即将再次陷入混乱。李通总是想着图谶里讲的预言，深信这是自己的机会。

于是，富二代李通找来了堂弟李铁商量形势。两人关着门一聊就是大半天，在说到南阳骚乱时，没想到堂兄弟俩意见出奇地一致，都认为南阳的刘秀两兄弟有胸怀，可以去辅佐他们恢复汉室。

李通虽然已经认定了刘秀，但还少了见到刘秀的机会。恰好刘秀到宛城避难，此事被李通知道后，他二话不说就让李铁去迎接刘秀。刘秀本来是逃窜到此，想来十分落魄，此时天下间根本没有可以容纳刘秀的地方。这个素未谋面的李通算是热情过了头，李铁假称是因士君子的相慕之情邀请刘秀的，一头雾水的刘秀思量了一番，还是硬着头皮答应去见李通。

李通和刘秀算是一见如故，聊到性情高涨之时李通觉得时机已经成熟，便将谶文的事讲给了刘秀听。刘秀对这种预言半信半疑，而李通继续讲述着自己的计划，他准备趁着立秋长安城都试骑士的时候，将前队大夫甄阜以及属正梁丘赐劫持下

来，举起起义大旗，而刘秀与李铁则回春陵做呼应。但这个计划还有一个漏洞，就是身在长安的李守。于是，李通派李铁的儿子李季前往长安报信。

谁知李季没到长安城，在半路病死了，不过好在李守最后得知了李通的计划，这可吓坏了李守。自己的儿子要在长安城谋反，李守得尽快从长安逃走，但李守相貌很容易被认出来，加上当时因为社会动乱进出长安城十分困难。进退两难的李守只好找老乡黄显帮忙。黄显知道来龙去脉后，提议李守说："事情还没有发生，你不如去朝廷请求自归，只要能脱身就没事了。"但李守并没能如愿，在他写好了自归书准备上交朝廷时，李通的事情意外地败露了。

王莽得知此事后，直接将李守抓进了大牢。李通在家乡听到父亲被抓，心知事情败露，赶忙逃跑了。

李通脱身了，但李守就没那么幸运。王莽下令处死李守，起初黄显还为李守求情说："李守听说儿子犯了大罪，不敢逃亡回去，遵信守义，归命于你。我黄显情愿带着李守到东边去，晓谕他的儿子。如果他的儿子真的要造反，我就命令李守面向北方自刎，以谢大恩。"王莽同意了黄显的建议。这时前队大夫甄阜却火上浇油，上书奏明李通起兵的前后情况，这下王莽怒了，说什么也要杀了李守。而执意为李守争辩的黄显也被迁怒进来，两人一并被王莽杀害了。李守死后，王莽仍然无法息怒，又下令让南阳郡的官员将李通家族共六十四人，统统处死，然后在宛市街口焚尸。

李通起义没成反而惨被灭门，这件事对李通的打击很大，却也更坚定了李通扶持刘秀推倒王莽政权的决心。

公元23年，李通和刘秀、李铁汇合，商议之后决定在沘水起兵斩杀前队大夫甄阜为父亲报仇。李通和刘秀终于举事了。公元25年，刘秀建立了东汉王朝，复兴了汉室江山。

建武七年（公元31年），当时天下大体平定，李通想避开荣誉、宠信，以生病为由上书请求辞官引退。光武帝下诏命公卿群臣讨论，大司徒侯霸等说："王莽篡汉，把天下搞乱。李通身怀伊尹、吕尚、萧何、曹参的谋略，建立宏图大业，扶助神灵，辅佐以成圣德。破家为国，忘身奉主，有扶危存亡的大义。功德最高，海内都有所闻知。李通以天下平定，谦让辞位。安定不能忘记危险，应令李通带职疗疾。想返回诸侯国，不可听从。"光武帝于是下诏让李通治疗疾病，按时工作。同年五月，光武帝任命李通为大司空。

李通帮助刘秀成就帝业,娶了刘秀的妹妹宁平长公主刘伯姬。但李通在完成了辅佐江山的使命任务后,怀念起无拘无束的富二代生活,就向刘秀上书,称自己有病,不想做官。而刘秀偏不放李通回家过闲人生活,还是任命李通为大司马,并允许李通以公费治病。

　　刘秀顾念李通当年为了支持自己的事业连累全家被斩,因此刘秀每次回到南阳的时候,都会派人以太牢的礼仪去拜祭李守。公元42年,李通去世,在他的葬礼上,刘秀和皇后阴丽华亲自赶来吊唁、送葬,算是表达对李通的恩宠了。

> **小知识**
>
> 　　公元24年二月,刘玄迁都长安,任命李通为大将军,封西平王,又派李通持节返回镇守荆州,李通趁此机遇娶了刘秀的妹妹刘伯姬为妻。当刘秀登基称帝,建立东汉政权时,李通被封为固始侯,被任命为大司农,而他的妻子刘伯姬则被封为宁平长公主。

无颜守印绶
——马成平夷无功

马成在刘秀身边的征战史,恰好是马成在乱世里打滚的升迁史。

马成刚成年就因为文武双全被任为县吏一职,算是少年得志。不过,在刘秀伐颍川时,马成做了一个人生抉择,就是归顺刘秀。

起初,马成在刘秀身边并没有引起刘秀的重视。刘秀只是将他安顿在郏县,任命他为当地的县令。马成从一个县衙换到了另一个县衙,前后都是县衙,这不是换汤不换药嘛!马成知道,自己需要主动争取机会,于是便趁着刘秀讨伐河北时,直接骑马追赶刘秀的军队。刘秀去河北时正是他人生低谷期,路上随时会有一大票人突然出现暗杀自己。此时刘秀看到马成有官不做反而跟随自己,对他的如此看重自己十分感激,就封马成为期门,此后马成便开始跟随刘秀南征北伐。

到了公元 25 年,刘秀登基称帝,而马成也升任为护军都尉。

在东汉建国初期,马成跟在刘秀身边很得意很知足。到了平定刘永一战时,马成被封为扬武将军,并带领刘隆、宋登、王赏征调会稽、丹阳、九江、六安四郡的军队,攻打割据江淮一带的李宪。此时马成被予以重任,更重要的是连刘秀亲自赶过来,为马成举办了一场授权仪式。马成领了军权,立即调动四郡兵马前去平乱。

在平定江淮一战中,马成充分显示出自己的智谋和胆识,在一年多的交战中,马成果然不辱使命,将在江淮割据的李宪斩首示众,为刘秀江山开拓了更大的地盘。

马成凯旋,刘秀自然要加赏他。因此,马成被封为平舒侯。

被封了侯的马成似乎到了人生的巅峰时期。次年,刘秀决定派兵征讨割据陇西的隗嚣,马成自然又是刘秀心中的首选人才之一。不久后,由马成、征西大将军冯异、建威大将军耿弇、虎牙大将军盖延、武威将军刘尚组成的讨伐军队浩浩荡荡地开始攻打隗嚣和前来支援的公孙述。

隗嚣的势力倒了,又到了论功封赏的时候,马成这次在保留军队统帅的基础上又被封为天水太守。这次受封对于马成来说,一下子从中央调到地方,颇有些失宠的意味。不过同年冬天,刘秀再次想到了马成,便又将其征召回到京师。

马成这次回京,意外地被刘秀任命为代理大司空。(不喜欢做官的驸马爷李通辞去了大司空一职,因此给了马成一个机会。)马成虽然名义上代理,但他的实际权力还是和大司空一样。由于优良的政绩,几个月之后,马成再次被拜为扬武将军。

后来,骠骑大将军杜茂指使自己手下杀人被免职,于是马成又成了代理骠骑大将军。这次马成可没什么大事要做,只是负责地方建筑工事,自西河至渭桥,自河上至安邑,自太原至井陉,自中山至邺都,建筑堡垒,起烽火,十里建一个瞭望哨所。马成在地方当"工匠",一做就是五六年。就在马成以为刘秀已经遗忘了自己的时候,赶上了边疆人士上书回汉一事,于是,马成得以被召回。他又有了新的事情要做,这事情便是去北方边疆保卫平安。马成以将军身份带兵出去,等到稳定了北方顺利归来后,再次被刘秀剥夺了将军的印绶,又被调到地方作太守。

其实马成在刘秀每次下达任务时都做得很好,不但任劳任怨,而且出色完成,无奈始终没有一个真正被重用的机会。

公元23年,武陵蛮夷相单程作乱,而武陵地区地形险要,进攻十分困难。朝廷派谒者李嵩、中山太守马成攻打相单程,没有取得成功。

从武陵归来,已经在官场沉浮大半辈子的马成终于看破虚名,主动呈上了太守印绶。

马成从刘秀人生低谷跟随到他的巅峰,因此刘秀对马成是有感情的。公元51年,刘秀封马成为全椒侯。

> **小知识**
>
> 马成原本是王莽当政时的一名县吏,后追随刘秀,帮助刘秀建立东汉,在东汉云台二十八将中排名第二十二。刘秀当政时期,马成先后任扬武将军、封平舒侯,之后改封全椒侯。

搏命无大功
——不远征的贾复

贾复打仗有个很显著的特征，就是不要命。有一次，刘秀派贾复攻打农民军，贾复竟然一路冲在士兵前方杀敌。他如此拼命，虽然鼓舞了士气，但他为此付出了代价，就是肚子上中了一支冷箭。古代的箭基本上都带着倒刺，要想把箭头拔出来，免不了会带出血肉。贾复这个拼命三郎中了箭还要继续搏斗，他自己拔出箭头的时候差点把肠子都带了出来。受伤以后的贾复战斗力大打折扣，猝不及防间又被敌军趁机刺了好几次。一场战斗，贾复身负重伤。等到贾复被士兵从前线抬下来时，人已经快不行了。这件事传到刘秀耳朵里，刘秀十分惋惜自己的将领如此战死，就赶过来探望贾复。这时大家都觉得贾复已经要跌进鬼门关了，刘秀安抚贾复说：“听说你的妻子怀孕了，我向你保证，如果生下的是男孩，就做我的女婿；如果是女孩，那就做我的儿媳妇。”刘秀给了贾复十足的承诺，这也是对贾复一生战功的认可。也不知最后是刘秀这番话起了作用，还是拼命三郎贾复自己比较顽强，反正最后贾复从鬼门关转了一圈又活蹦乱跳地回来了。

因为太拼命差点死掉的贾复经历了这次事件应该长记性了吧，事实恰恰相反。在有了刘秀的承诺后，他更加不要命地替刘秀卖命。又是一次战争，刘秀到射犬地方攻打青犊农民军，贾复也是随军作战的一员将领。太阳刚出来两军就开始交战，一直到了正午仍然没有击败青犊军。刘秀想先让士兵们先把午饭吃了，等肚子饱了再继续作战。但刘秀的军令传到前方作战的贾复那里时，贾复却不肯服从，说什么也要打赢了再吃。贾复不吃饭不休息又拼在最前方，这可唬住了敌军将领。此时两军都是又饿又累，只有贾复杀得两眼发亮。面对这样的狠角色，青犊军士气一落千丈，最后让贾复打了个胜仗回去请功吃饭。

贾复屡战屡胜，他作战不讲究兵法策略，也不屑于使用阴谋诡计，靠着自己的不要命获得极高的胜率。在云台二十八将中很难有人超过他的作战胜率的。不过，碍于贾复这种拼劲，刘秀也有所顾虑，怕他因为作战过于刚硬遭到暗算或者出现其他不测。所谓过刚易折，并不是没有道理。贾复勇猛、能打，这在云台二十八将里的确无人能比，但凡事都有利弊两面，他的勇猛让他成为云台二十八将中受伤

云台二十八将版画

最多的人。刘秀知道贾复敢于深入敌阵,更知道在战争中深入敌阵的危险,因此,对于这个一味逞匹夫之勇的贾复,刘秀只好尽可能将他留在自己身边,很少让他亲自带兵出征。

没有远征的机会意味着贾复将无法建立大的功勋。因此,当刘秀封赏各位将领时,缺少战功的贾复只好看着其他人封侯封相,而自己虽然有力气却无处发挥,只能被刘秀封一个"执金吾"的官衔。

贾复少了功勋,没了官爵,整天待在刘秀身边过着为人臣下的安逸日子。遇到众将领讨论战功的时候,就令贾复很尴尬,他基本上没什么话可说。虽然他也打过很多仗,也因此受过很多伤,但在功勋上,却难以和他人相比。

不过,刘秀对贾复还是很宠爱的。每当看到将领们吹捧自己的功勋,而贾复默不作声时,刘秀都会笑呵呵地感叹说:"贾君之功,我自知之。"这正是刘秀在向众将领表示他和贾复心意互通,不需要别人明白。可见刘秀对贾复的恩宠了。

小知识

古代素有指腹为婚的嫁娶习俗,《后汉书·贾复传》记载,有一次,贾复在作战中身负重伤,刘秀当众宣布:"闻其妇有孕,生女耶我子娶之,生男耶我女嫁之,不令其忧妻子也。"这是历史上关于指腹为婚最早的记载。

反被聪明误仕途
——陈俊怀才不遇

要想在皇帝身边做事,得有一定的才智才行,这样才能帮助皇帝排忧解难。但也不能聪明过头,不然给皇帝难以驾驭的感觉,这样就很不好了。凡是都要有分寸,而为臣的分寸则要取决于皇帝的品行和个性,稍微把握不住皇帝的心思,倒霉的就是自己。陈俊在刘秀身边,就是属于没分寸的那一类。虽然陈俊文能策划谋略,武能上阵杀敌,但他太聪明了,而且又有野心。这样的人对刘秀来说就不得不防了。

不过,刘秀还是得接纳陈俊,毕竟当时刘秀出巡河北,可谓如履薄冰。当时,陈俊得以跟随刘秀,还是他的旧上司刘嘉推荐的。刘嘉为人宽厚,没那么多野心,但有一双慧眼。他看出陈俊担得起大事,便将其推荐给他认为同样能做大事的刘秀。

陈俊刚到刘秀身边的时候,并不被看好,只担任了安集掾,每天的工作就是管理军队的后勤。俗话说"是金子到哪儿都能发光",很快地,在与铜马农民起义军作战时,陈俊的才能就发挥出来了。这也让陈俊一下子跃升为强弩将军。后来,陈俊又在五校农民起义军突袭的情形下,下马迎敌,短兵相接,竟然反败为胜,追击二十余里,还把对方首领的首级拎了回来。这次战役中陈俊对刘秀可是有救命之恩的。当时刘秀遭到突击,直接从马上掉了下来,若不是陈俊英勇杀敌,恐怕就没有日后的东汉王朝了。面对自己的救命恩人,刘秀不禁慨叹道:"战将尽如是,岂有忧哉!"

在刘秀对陈俊大加赞赏之时,陈俊不但没有见好就收,反而更急于借此机会立功争名,以稳固自己的地位。于是,当陈俊看到五校农民起义军进入渔阳地界时,便对刘秀说:"宜令轻骑出贼前,使百姓各自坚壁,以绝其食,可不战而殄也。"短短几句话,陈俊就切中要害地道出了当时的形势。刘秀听了陈俊的计划,虽然应允了陈俊的建议,但在心里对陈俊多了点防备。陈俊那看似简单的计谋,实际上完全展现出他的聪明才智,能想出如此对策必然对野战非常擅长。陈俊心思之深,刘秀在折服赞叹的同时,开始担心这个人会取代自己。

最后,刘秀采纳了陈俊的计策,并命他亲自带队绕到农民起义军前面。若看到百姓坚壁清野就命令他们坚守抵抗,若看到百姓放松警惕就直接抢走他们的粮食。等到打到渔阳的时候,五校农民起义军发现根本无法从百姓这里拿到所需的补给品,没了物资供应,刘秀不费兵卒,就看到五校农民军自己解散了。

这次因为陈俊献计,刘秀大获成功,他当众夸奖陈俊说:"困此虏者,将军策也。"刘秀作为领军将领,却承认自己不如手下。令刘秀不放心的是,在两次战争中,虽然陈俊都立了大功,但他对陈俊好像越来越无法看透。

陈俊为刘秀做事,他却给刘秀一种无法控制的感觉。这对陈俊来说非常致命,刘秀想要维护自己的统治,宁愿身边的人愚钝一点也不愿身边有个自己无法揣测的人。

后来,当刘秀建立东汉以后,虽然陈俊升官封侯一样没少,但刘秀再也没给他单独领兵的机会。等到大败张步后,陈俊的威名更是名扬全国。到了陈俊被封为琅琊太守去琅琊平乱时,当地的盗贼们一听到陈俊的名字,就自动解散了。最后,陈俊被留在琅琊担任太守,军职也不过是强弩大将军。虽然陈俊上书刘秀希望能外出作战,但刘秀始终没有给他远征的机会。

公元23年,陈俊去世,可惜有大司马之才的陈俊一生都没被重用。他算是被自己的聪明耽误了。

> **小知识**
>
> 据说,刘秀在白水村起兵后,遇上胡阳城守将韩滔拼命抵抗,这时陈俊向刘秀献了一条计谋:先让汉军轮流攻城,将韩滔打得疲惫不堪,这时陈俊趁乱混进城中,等到韩滔体力透支,困乏入睡之时,就可杀了韩滔。刘秀接受了陈俊的计谋,果然攻下了胡阳城,从此陈俊便跟随刘秀征战四方了。

选择的代价
——傅俊回乡殓亲属

刘秀让傅俊在自己身边充任近臣多年，可见他对傅俊的信任非同一般。然而，傅俊对刘秀忠诚却付出了代价。

昔日的傅俊只不过是王莽政权的一个小亭长，当他见到刘秀以后，忽然发现刘秀才是真正值得跟随的人。于是，傅俊毅然脱离了王莽政权来到了刘秀身边。古时候辞官可不是自己能够做主的，况且王莽又是一个十足的暴君，傅俊改投汉室刘秀的事情被他知道后，直接下达命令将傅俊的母亲、弟弟等全部亲人都杀掉了。

傅俊选择了自己的未来，却付出了失去亲人的代价。这时候尚无大作为的刘秀自然对傅俊加倍看重。一来是感激对自己的知遇之情，二来是感激他为自己所做的牺牲。

昆阳一战，傅俊算是为自己的家人报了仇。当时刘秀率军对抗王莽的四十二万大军，因王莽暴行，他的军队人心散乱，不好掌控，这给了刘秀击败王莽的机会。傅俊跟着刘秀取得了昆阳之战的胜利后，被提升为偏将军。他有了自己的军队，就有了独自领兵出征的机会，这次傅俊乘胜率兵进攻京、密地区，并一举拿下它们。当傅俊打了很多胜仗凯旋后，刘秀对傅俊更加看重了。

更重要的一点是，刘秀从来没有忘记傅俊那些付出性命代价的家人，虽然傅俊从不提及，但对于很有亲情观念的刘秀而言是能够感受到他心里的痛苦。于是，刘秀趁着安排傅俊去关中作战的机会，让傅俊带着军功和荣誉回到自己的故乡颍川，安葬、祭拜那些遇害的家人。时隔多年，傅俊戎马归乡，想必心情很复杂。当初他为了追求正义，为了建立功业，牺牲了自己全家的性命，于他而言，心里始终有一道无法恢复的伤痕。等到他终于证明自己的选择是正确的时候，回乡面对的却只有家人的尸骨。

傅俊重新启程回到刘秀身边时，更加坚定要至死追随他。不过此时刘秀遇到了政治危机。昆阳一战，刘演、刘秀兄弟功高震主，致使刘演被更始皇帝刘玄杀害，刘秀只好示弱将自己的军队遣散，以表示对刘玄的忠心。刚刚从家乡回来的傅俊得知此事后，立刻表示自己会等着刘秀东山再起。

有了傅俊的支持和承诺,刘秀更加明白自己肩上所担的重任。后来,刘秀为自己争取到出巡河北的机会,而傅俊在得知消息后,在第一时间带着自己招募的门客赶过来和刘秀会合。终于,傅俊又回到了刘秀的身边。

　　后来,刘秀登基即位,对傅俊仍然是毫无保留地信任,连迎接自己的结发妻子阴丽华也是派傅俊前去的。后来刘秀将傅俊封为昆阳侯。昆阳可是象征着刘秀荣誉之始的重要地方,可见刘秀对傅俊的重视。

小知识

　　傅俊死后,其子傅昌继承昆阳侯位,不久傅昌徙封为芜湖侯。但傅昌认为芜湖贫穷,就趁着母亲去世的机会向皇帝上书,表示自己希望去关内,并要求赏赐五十万两。皇帝一怒之下,将傅昌贬为关内侯,而且分毫未赏。

比不过的智商
——寇恂智取高平

一般人都知道,少了军纪严明、训练有素的士兵必然无法作战。不过想要获得战斗的成功,除了勇猛,还需要智慧,这就体现出军师的重要性。两军交战之时,将士要拼个你死我活,而军师也要斗智斗勇,这时候就要看谁的智商能够压倒对方了。

公元34年,各地还有很多割据势力,刘秀做了十足的准备想要亲自征讨高峻。当时,寇恂就是随行的军师。不过,寇恂起初的作用并不是很明显,毕竟有刘秀作主帅,而且刘秀本身是智勇双全的人,寇恂的建议自然不容易被采纳。

起初,在刘秀准备攻打高峻时,寇恂劝谏刘秀说:"长安城处在洛阳和高平之间,前后接应都很方便,也能使安定、陇西都受到震慑,这正是安逸于一处可以制服四方的办法。我们现在兵马疲倦,刚刚从苦难艰险中走出来,这不是陛下安国的良策。前年颍川发生的事件,还是要以此为戒。"对高峻割据一事,刘秀心里自然有打算,因此对寇恂的计策并没放在心上。而当刘秀率军攻打高平后,却出现了久攻不下的情况。持久战对于刘秀而言可不是他想看到的局面。在日复一日的拉锯战里,刘秀终于无法忍受,他找来寇恂说:"你以前制止我这次行动,我没有听从你的建议,现在你为我走一趟,去劝服高峻投降。如果高峻不立即投降,我将率领耿弇等五营发动最后的攻击。"

寇恂画像

寇恂领了刘秀的命令,立即带着玺书来到高平地区的第一座城池。高峻知道刘秀派来说客,就派自己的军师皇甫文接见寇恂。其实高峻的想法很简单,他完全相信皇甫文,因此希望皇甫文在见到寇恂以后能直接回复他是继续作战还是投降。可是皇甫文并不苟同投降一事,对寇恂也表现得十分无礼,甚至出言不逊。寇恂看到皇甫文如此傲慢,心知已经中计,便假装大怒说无论如何都要斩了皇甫文。随行的诸将一听,赶忙劝寇恂说:"高峻精兵万人,难以攻下。现在要他投降还杀其来使,这恐怕不好吧?"寇恂一点儿都不听人劝,直说皇甫文惹怒了自己,便杀了皇甫文。杀了皇甫文以后还不够,寇恂又让皇甫文的副使回去告诉高峻说:"军师无礼,已被杀了。要投降,请赶快;不想投降,就固守好了。"

寇恂这件事做得其实很野蛮,谁知高峻竟然被寇恂吓得第二天就打开了城门投降。诸将虽然不明白其中的道理,但是都认为寇恂立了大功,于是纷纷赶来道贺。这时候,寇恂才向诸将说明斩杀皇甫文的原因。寇恂知道皇甫文是高峻的心腹,而高峻基本上都是听从皇甫文的计谋,因此,高平投不投降实际上取决于皇甫文。而皇甫文一见到寇恂就大放厥词,说明他根本不打算投降。这时候将皇甫文杀掉,高峻失去了心理支柱,自然没有胆量再与刘秀作对,只好选择投降了。

诸将了解到寇恂的想法后都表示叹服,而高峻也终于因为自己的军师不敌寇恂而被抓回了洛阳。

> **小知识**
>
> 寇恂曾将贾复手下的一个部将处死,这令贾复十分生气,认为寇恂是故意找自己麻烦,于是表示要与寇恂势不两立。寇恂得知后,为了不使矛盾激化,处处避开贾复。后来,刘秀亲自出面调解,这才化解了贾复的心结。寇恂、贾复二人得以握手言和,被称为"将相和"。

失联没什么大不了
——坚镡孤军守南阳

虽然坚镡一直在刘秀身边,但直到征伐河北的时候,才被刘秀发现他的才能,被封为偏将军。

后来,刘秀发动洛阳之战,坚镡是被派往洛阳战场的将领之一。攻打洛阳对于将领们来说是很大的挑战,其中很重要的原因是刘秀想要把洛阳定为日后的都城,因此诸将不能采用强攻的战略,以防对洛阳的损坏太大。但如果不强攻洛阳,面对洛阳坚固的防守,想要攻进去又十分困难,这可令将领们左右为难。这时,坚镡想出了一个计策。

也许是同为偏将比较有共同话题,坚镡买通了洛阳城里的一名偏将。在洛阳城里有了内应,大开方便之门,刘秀的将领们打起仗来就如鱼得水。众将领计划好了时间,选定某天的黎明时分进攻。这天,坚镡和建义大将军朱佑等人从洛阳偏将打开的城门进入洛阳城内,直接突袭洛阳守兵。眼看洛阳城无法守住,守城的将领朱鲔便向刘秀投降了。可以说,在拿下洛阳的战斗中,坚镡发挥了相当重要的作用。不过,这次战斗并没有引起刘秀对他的重视。等到坚镡再次发挥自己的才干引起刘秀的重视,已是公元26年的南阳之战。

当时,右将军万修率兵进攻南阳,坚镡被任命跟随他。在半途中,坚镡等人遇上堵乡人董欣在宛城造反。得知此事后,万修便派坚镡领兵平定宛城。来到宛城后,坚镡观察了一下局势,在对叛乱形势有一定了解

坚镡画像

后,他派出了一支敢死队,直接突袭攻城。董欣被打得措手不及,直接弃城而逃。坚镡的宛城之战本来十分顺利,可就在这时,万修又收到刘秀的部将邓奉在新野造反的消息。这对于万修的军队来说非常危急。新野紧邻宛城,现在坚镡等人身处南阳和新野之间,可谓腹背受敌。然而就在这危急关头,万修却意外地病逝了。

领军万修病逝,坚镡就成了军队临时的负责人。但坚镡从来没有独自领兵作战过。此时情况危急,没了主帅,平时都是作为偏师胁从的坚镡只能硬着头皮挺近南阳战场。南阳一战对于坚镡来说并不容易,当时新野已经叛乱,后方的粮草供应被切断,援兵也无法赶来,更重要的是坚镡完全和朝廷失去了联系。

这种情形,不管是谁都会感到绝望,但陷于绝境的坚镡却没有放弃。他坚定地认为自己可以化险为夷。坚镡在极为困苦的情形下率军作战,没了粮食,就吃野果填饱肚子。这时候,在坚镡的带领下,将士们上下一心,共同奋战。坚镡也身先士卒,冲在队伍最前面杀敌。一年多的孤军拼杀,与朝廷失联的坚镡从没有放弃,更没有对朝廷失去信心,他前后负伤三次,但都以超乎常人的忍耐力和信念将军队保全下来。

这时,刘秀已经得知坚镡在南阳战场的情况,坚镡竟然在没有粮草供应的情况下维持一年之久,刘秀决定亲自出征南阳,支援坚镡的军队。南阳之战过后,坚镡被刘秀提拔为左曹,并让他跟在自己身边。此后直到坚镡去世,也没有离开过刘秀。可见南阳之战,刘秀对坚镡的肯定和认可。

> **小知识**
>
> 坚镡,起初是王莽政权官吏,之后追随刘秀平定河北,协助刘秀建立东汉,在东汉云台二十八将中排名第二十二。刘秀称帝后,坚镡被任命为扬化将军,封合肥侯。

和胡人较上了劲
——王霸越界打强盗

刘秀的云台二十八将除了能征善战以外,每个人都有自己与众不同的优势。王霸这个人的出色之处便在于策划能力。

王霸出身于世代刀笔小吏之家,他的父亲是郡守的判案秘书,受父亲影响,王霸也进入地方政府做了狱吏。不过,当狱吏只是王霸的事业起点。当时王霸每天在衙门做事,少不了会听到一些国家大事。王霸分析当前的形势,结合了历史经验教训,做出了人生的第一个计划。王霸不甘心接替父亲的刀笔吏一职,以此度过一生。于是,他找到他的父亲,一番慷慨陈词后,终于说服父亲同意他到长安求学。

来到长安以后,王霸严格履行自己的计划,认真学习。在求学过程中,王霸感觉到王莽政权已经到了日落西山、不可挽回的地步,所以,在学成之后他并没有选择留在长安做官,而是回到了家乡。

回到家的王霸不是没有事做,他的计划还没有结束,他还在等待机会。这时,适逢刘秀路过颍阳,王霸一眼看出刘秀可以成就大事,就直接带着自己的门客来到刘秀面前,说:"将军兴义兵,窃不自知量,贪慕威德,愿充行伍。"王霸直接表明自己是冲着刘秀这个人来的,得到认可的刘秀自然也高兴。就这样,王霸跟了刘秀,算是完成了他的第一份计划。

不过王霸跟随刘秀经历了一波三折。昆阳之战后,王霸跟着刘秀虽然以两万之众大败王莽四十二万大军,但王霸并没有急着邀功,他清楚刘氏兄弟功高震主的后果。利弊衡量后,王霸直接请假回家休息了。等到刘秀率兵前往河

王霸画像

北的时候,他才再次从家乡出来跟随刘秀作战。

　　王霸在大难临头之前选择了个人平安,这种行为在刘秀看来自然算不上忠诚。后来,刘秀建立东汉,虽然王霸依然被派出去作战,但刘秀每次都要找个自己信任的将领带着王霸。王霸身居人下,一肚子谋略都没有发挥的机会,这令他很郁闷。

　　王霸缺少发挥才能的机会,于是他就自己创造机会。对于王霸来说,刻意策划一个让两国交兵的外交事件不是不可能,毕竟在边境长大的他了解胡人的性格。终于,边界胡人越境闹事了。刘秀想来想去,发现只有王霸对胡人有一定的了解,只好派他去边界与胡人作战。

　　王霸领了作战命令后,以上谷太守的身份与胡人交战。但胡人很狡猾,总是在边界线来回穿越,当时朝廷有明确的规定,我方不可以越界,这反而成了胡人的优势。而王霸可不管那么多,他知道自己需要的是军功,所谓成大事不拘小节,想要打败胡人,就一定要解决边界线的问题。最后,王霸决定不顾边界线的约束,直接采用自由作战。他在北边修建了一条长约三百里的作战长城,经历了百余次的交战,一次次抵抗和进攻,王霸终于取得了胜利。

　　不过,王霸知道与胡人长期打下去并不是真正的解决办法。当他有了优势,就上书朝廷,主张与匈奴和平共处。就这样,在王霸的军事力量和朝廷安抚政策的相互配合下,南匈奴和乌桓相继投降了朝廷,边疆自此变得安宁了。

小知识

　　王霸由于和匈奴作战次数多、时间长,很了解匈奴的习惯,所以上书建议与匈奴结亲讲和,又建议利用漕运运输,省去陆路运输辛劳。王霸的建议都被刘秀采用实行,这促进了匈奴和东汉之间的安定。

抄文书不是我的志向
——班超西域修好

班超的父亲班彪是东汉著名的史学家,他的哥哥班固子承父业,妹妹班昭也是了不得的女中诸葛。

至于班超,他虽出身于史学世家,但是他年轻时却比他的哥哥和妹妹差了一大截。

公元54年,班彪这个一家之主因病去世。虽然作为哥哥的班固被召到洛阳去当校书郎,但这对班超一家的经济状况并没有太大帮助。班超为了维持生计便到官府去抄写文书。每天工作辛苦不说,而且工资也不高,可是年过30的班超除了抄文书以外找不到其他的办法维持生计。

班超抄文书抄得十分郁闷,但这一抄还是抄了十几年。当班超年过40时,他看到身边的朋友都已经有了事业,而自己却还在抄文书。终于,他再也不能忍受自己一事无成的人生,决定通过哥哥班固向汉明帝请求官职。

汉明帝听班固一说,才想到史学家班彪还有一个儿子。想到虎父无犬子,汉明帝决定给班超一个机会,派他随耿秉、窦固等人屯驻凉州,准备与北匈奴作战。

这个机会虽然给了班超,但他毕竟是书香门第出身,现在要他脱下布衣改换戎装出征打仗,对他来说是一种挑战。而班超想都没想就答应了,因为西域是他心驰神往的地方。

班超沾了父亲和哥哥的光才争取到此次机会。虽然当时没人拿这个抄文书的大叔当一回事,但是很快所有人都对他刮目相看了。在与匈奴人的战斗中,班超身先士卒,基本上是战无不胜。班超在战场上的英勇表现为他争取了更好的机会。

击败匈奴以后,重新树立了威信的东汉要做的第一件事就是和西域重修旧好。过去王莽执政,西域脱离汉王朝的统治而投入匈奴人的怀抱,这次东汉大败匈奴,目的就是想要再次经营西域。

那么既然想要和西域拉好关系,就需要派使者前往西域。要知道,在当时交通、通信都极为不发达的情况下,前往西域不仅艰苦,而且往往还要做好赔上性命的准备。然而班超面对这项更为艰难的任务时,依然慷慨接受了。

班超雕像

班超出访西域，一别竟是30年之久。

班超的出访团队先到达鄯善国。

起初，鄯善王对班超等人很客气，但后来突然变得冷淡了。班超思量过后就把鄯善侍者找来，问道："我知道北匈奴的使者来了好些天，他们现在住在哪里？"班超的直觉之准令侍者大吃一惊，仓促间竟难以回答，只好实话实说。班超得知情况后，为防止消息泄露，就把侍者关起来。接着，班超又假装召集部下饮酒作乐。酒过三巡，班超假借醉意对大家说："我们现在身处异域，都想通过这次机会建立功业，但是现在匈奴使者一来，鄯善王就对我们翻脸，这难道是我们想要的结果吗？"大家闻言纷纷表示愿意听从班超的指挥。于是，班超继续说："不入虎穴，焉得虎子。现在唯一的办法，就是趁夜晚用火进攻北匈奴使者驻地。他们不知道我们究竟有多少人，一定会感到害怕，我们正好可以趁机消灭他们。只要消灭了他们，鄯善王就会吓破肝胆，我们就大功告成了。"

制定好了计划，班超等人只要等天黑了。天刚入夜，班超就率领部下直击匈奴使者的驻地，亲手将匈奴使者歼灭。

第二天，班超请来了鄯善王，把匈奴使者的首级拿给他看，鄯善王吓得脸色都变了。班超施以好言抚慰，最后，鄯善王表示愿意归附汉朝，并将自己的儿子送到东汉朝廷做人质。

至此，班超第一次出使西域取得了完美的胜利。而他也从一个默默无闻的抄文书人员变成了东汉使臣。

不要母亲和老婆
——李忠大公无私

说到李忠，人如其名，忠诚。他归附刘秀之后，就忠心耿耿地为刘秀效命。当然，对刘秀衷心的将领不只李忠一人，而像李忠这样，为了帮刘秀取得胜利竟然连自己亲娘和老婆的性命都不在乎的，还真是难得一见。

李忠追随刘秀的时候，正是刘秀从人生低谷跨向高峰的转折期。

当时，刘秀的处境十分尴尬，刚从更始政权中逃出来，到了河北又被王郎悬赏追杀。一路南逃的刘秀已经到了命悬一线的地步，四处奔逃哪里顾得了招募人才。而李忠却坚信刘秀可以化险为夷，不仅如此，他还每天派人四处打探刘秀的下落，等确定刘秀到了信都后，就高高兴兴地出城迎接刘秀。

信都本来就是李忠的地盘，刘秀很自然地把信都接手到自己的名下。刘秀成了信都的老大之后，就将李忠封为右大将军、武固侯。为了报答李忠的恩情，刘秀还当众将自己佩带的绶带解下，亲自替李忠戴上。

李忠的归顺使刘秀的力量得以瞬间壮大，于是，刘秀开始率领众将对河北地区展开全面的讨伐。当刘秀与众将领在苦陉县会合时，他发现这些将领每到一处打了胜仗都会抢夺一些钱财并据为己有。刘秀本想惩罚他们，但再一追问，他发现这根本不是个别现象，反而没有抢夺的李忠显得很不合群。刘秀感慨之余，对众将说："我只想特别赏赐李忠，你们不会有什么不满吧？"于是，刘秀将自己所乘的大骊马及绣被衣物全都赐给了李忠。

刘秀在河北初步站稳脚后，接下来的进攻目标便是王郎。很快地，刘秀就率领军队去讨伐王郎，身为早期河北势力的李忠自然成为主力军的一员。刘秀的军队一路攻打到巨鹿，在此遭到王郎的全力抵抗。但出乎意料的是，王郎竟还派了一支军队偷袭许都，因此将刘秀包围了起来。

刘秀倾注兵力过来打王郎，此时信都根本没留下值得信赖的将领镇守。而原本许都的豪强马宠见到王郎的部队后，竟然直接将大门打开迎接他们。王郎一到信都，立即将信都太守宗广，以及李忠的母亲和老婆都抓了起来。王郎知道刘秀在河北势力扩大绝大部分是得益于李忠的帮助，只要李忠向自己投降，刘秀就等于被人砍掉了一只胳膊。当时马宠的弟弟是李忠的校尉,因此王郎派其作为说客来和李忠交涉。谁知李忠不但没有听从前来劝降的旧部下的话,反而斥责旧部下忘恩负义,直接将其砍杀。

　　杀了王郎派来招降的说客后,李忠本人比较平静,而其他将领都惊慌了,纷纷询问李忠:"你母亲和老婆都在人家手中,现在你杀了他的弟弟,这有点不妥吧?"李忠面不改色地道:"我若放纵贼人不杀,岂不是对主公不忠。"

　　众将领见无法劝说李忠去营救家人,只好将这件事报告给刘秀。刘秀知道后,对李忠如此大义的行为十分赞赏,于是劝李忠说:"我们的军队现在已经做好了部署,将军可以放心地回信都去救你的母亲和妻子,你也可以自行悬赏招募信都城中的人民。假如有人能够营救你的家属,赏金从我这里领就好了。"

　　刘秀已经把话说到这个份儿上,但李忠坚持帮刘秀打完这场仗。刘秀念及李忠对自己忠心耿耿,就派任光率兵去信都营救其家人。谁知一路上,任光的士兵不是逃就是降,最后任光不仅没救回人,还损失了很多士兵。

　　不过,李忠的家人也算是吉人自有天相。不久,更始帝派人攻打信都,恰好救出了李忠的家属。李忠的母亲和其他亲人因此才得以保全性命。

小知识

　　李忠在治理丹阳地区时,因丹阳地区多是越人,生产和生活上都落后于中原地区。李忠了解到当地风俗后,积极替越人兴办学校,练习礼仪,熟悉法度。李忠还规定,每年春秋两季举行乡饮酒礼,选用明经的士子,使郡中人们向往、羡慕他们,大力提高读书人的地位。

来去也潇洒
——朱佑功成身退

刘秀是个重感情的人。在十几年的征战生涯中,他结交过不少将领,但唯独朱佑在刘秀心里有着与众不同的位置。

可以说,朱佑是刘秀第一个也是最后一个信任的人,这还得从两人年少时候说起。当初,年少丧父的朱佑跟随母亲回到外祖父家中居住,因此和刘秀、刘演两兄弟相识。大概是都有丧父的经历,三个孩子聚在一起感情宛如亲兄弟一样。

后来,朱佑到长安求学,没过多久,刘演、刘秀两兄弟也一同前往长安求学,因此,三人又得以在长安相聚。自幼建立的感情,为日后朱佑无怨无悔跟随刘秀打下基础。

随着三兄弟慢慢长大,天下的形势变得越来越复杂,这时身为汉室子孙的刘演和刘秀开始有了自己的人生规划。朱佑在得知刘演、刘秀两兄弟准备会合绿林军、赤眉军于舂陵起兵反抗王莽政权时,二话不说就答应跟随刘氏两兄弟参加舂陵起兵的行动。

无论王莽政权多么不得人心,毕竟他有四十万大军震慑着各地农民起义军,而朱佑只因为刘秀的一句话便答应跟随起义军作战,也算是肝胆相照了。

舂陵起兵胜利后,刘演作为主帅被更始帝刘玄任命为大司徒。刘演从落魄皇族变成大司徒,需要有个亲信在身边帮助自己。这时候刘演想到了朱佑,而朱佑也没有辜负刘演的期望。从此以后,直到刘演遇害,朱佑始终跟随在刘演身边,担任他的护军。

在更始帝杀害刘演之后,朱佑知道刘秀很可能是更始帝下一个铲除的对象。在危急的情形下,朱佑想都没想就一个人跑出去给刘秀报信。彼时刘秀和朱佑再见面,已物是人非。

哥哥遇害,刘秀在更始帝的压力下如履薄冰。此后朱佑便是刘秀身边最亲近的人,这两个年幼就相识的朋友开始一起计划将来的事业。后来,当刘秀带着朱佑一同前往河北平乱时,两人不仅并肩作战,而且还经常同吃同住,可见这对兄弟在患难之时相依为伴的感情。

云台二十八将版画

不过,朱佑有一个缺点,就是说话太直接。

当时,刘秀刚刚离开更始帝,得以前往河北。正当众人坐在路边休息时,朱佑却发起了牢骚,不但大骂更始政权,还直接表达了希望刘秀自立为帝的想法。此时身边耳目众多,朱佑却说出如此大逆不道之话,刘秀对朱佑这种没有分寸的行为感到很生气。他怕人多耳杂,就拿起剑来假装要杀了朱佑。

此事过后,刘秀将朱佑单独叫进自己的屋里,告诫朱佑不可太过直言。但没过多久,在刘秀对战王郎时,朱佑竟然再次当众提议要刘秀自立。同样是人多耳杂,同样是为避事端,刘秀只好命人将朱佑关了起来。

虽然朱佑说话不分时间、场合,并且多次遭到刘秀训斥,但两人的关系从未疏远,反而越来越亲密。刘秀真正将朱佑当成自己的兄弟,因此在朱佑做错事时会严厉训斥他,而对于他做的错事又能极尽包容。

后来,刘秀建立东汉政权,这个最早随他出生入死的朱佑自然要被加封高官。

公元37年,刘秀将朱佑的封邑增加到七千三百户,封朱佑为鬲侯。

追随刘秀征战了大半生的朱佑并不留恋政治场上的生活。到了公元39年,时任大将军的朱佑觉得自己能帮刘秀做的都已经够了,到了功成身退的时候,因此主动上交大将军的印绶,请求辞官。

刘秀知道朱佑对政治并不在意,多年来只是为了帮助自己才一直随军作战,便不为难朱佑,同意了他的辞职申请。而朱佑辞官前还向刘秀上书了几条建议:自古以来,大臣受封赏都没有加王的称号,可以把诸王的王爵改为公爵;应该把三公(大司马、大司徒、大司空)的官职都去掉"大"字,以合法理。刘秀知道朱佑是替自己考虑,因此将这些建议都采纳、实施了。

辞了官的朱佑,过了十年的闲人生活,最后在家中去世。

回到故乡去炫耀
——景丹封地波折

刘秀在邯郸巨鹿讨伐王郎时,景丹的任务是率领突骑预备队隐藏在树林里埋伏。

当时,位于景丹前方的汉军步兵吃了败仗,在王郎军队的进攻下,基本上到了无力招架的地步。正当危急关头,景丹率领两千精骑仿佛猛虎一般突袭而来,直接将敌人的侧翼部队冲散。

王郎军队被景丹这么一突击,竟然半天没缓过来。景丹趁着敌军内部大乱之际,再次发动进攻。这一次景丹斩首数千人,王郎的军队被吓得连连溃败,被迫后退了十余里地。

景丹率兵回去后,刘秀连连称赞:"吾闻突骑天下精兵,今日一见,名不虚传。"

景丹这次迎战王郎的成功,直接奠定了刘秀的优势地位。不久,刘秀准备乘胜追击,率军继续围攻邯郸,景丹则继续跟在他身边与王郎作战。终于在公元24年,景丹彻底将王郎的割据势力剿灭。王郎被斩杀后,刘秀平定河北的任务算是告一段落。

但是,王郎虽死,河北仍然有许多农民起义军不肯归顺更始政权。刘秀想要在河北建立自己的基业,仍然有很大的障碍。同年,刘秀开始领兵征讨其余的农民军势力。这时候,景丹是刘秀身边最得力的将领之一。在一番征战后,河北地区终于安定。

可以说,在河北战场,景丹为刘秀日后的江山打下了很好的基础。

公元25年六月,刘秀称帝。此时,在谶语的指引下,刘秀将平狄将军孙咸任命为大司马。在河北作战期间,孙咸并没有突出的表现,至少与景丹以及其他将军相比,孙咸显得平庸。很快地,刘秀的任命引起了群臣的不满。既然大家对刘秀的决定不满意,刘秀就想举行一次民主选举,由群臣共同推选大司马人选,这样最后被选出来的人应该可以让大家都心服口服。群臣讨论来讨论去,最后确定景丹和吴汉这两个人。

景丹和吴汉一下子成了热门候选人。一时间群臣都在讨论谁更合适,由谁来做大司马反而越来越难以确定了。这时候,刘秀开口了:"景丹是北方名将,确实是担任大司马的合适人选,但吴汉将军有建策之功,又诛杀了苗曾、谢躬,夺得他们的部队,所以吴汉的功劳更大。按照旧制,骠骑大将军的职位与大司马的职位是相等的,由景将军担任骠骑将军,再合适不过了。"于是,吴汉成了大司马,景丹与三公之位失之交臂,被封为骠骑大将军。

景丹既然被封为骠骑大将军,那自然要代表朝廷率军出征。

公元25年七月,景丹、建威大将军耿弇,以及强弩将军陈俊,被刘秀派出去讨伐厌新将军刘茂。有景丹、耿弇和陈俊的配合,刘茂哪里抵抗得了,没过多久就率军投降了。

于是,景丹再次带着军功回朝了。

公元26年,东汉政权初步稳定,刘秀定都洛阳,对开国功臣进行了第二次大加封,景丹被封栎阳侯。

在封地名单公布之后,虽然大家对刘秀的加封都很满意,但景丹不开心。加上之前没当上大司马,景丹一怒之下竟然表示不想接受加封。刘秀看出了景丹的不满,就对景丹说:"经历长期战乱,关东这一带好几个县加在一起也不如栎阳一个地方啊。而且栎阳是你的家乡,一个人富贵之后如果不回到故乡见见乡邻,就如同夜里穿着华丽的衣服走路,是没有人知道的。正因为如此,我才把你的故乡栎阳封给你。"景丹听了刘秀的解释后,这才释然接受。

小知识

公元26年,景丹因病休养,此时发生弘农苏况作乱。于是,刘秀连夜召见景丹,任命他为弘农太守。景丹起初认为自己没有精力镇压平乱,刘秀对他说:"乱贼迫近京师,急需大将镇压。凭将军的威信,睡在床上镇守就够了。"景丹接受了任命,带病出征,但不久之后便病死在军中。

最后倒下的旗帜
——李固亡，精神亡

位列三公的李固在一夜之间被逮捕杀害，没有罪证，没有审判，可见当时梁冀在东汉朝廷有多么野蛮专横。

在天下人眼里，李固是正义的化身，是朝廷的希望，像这样的栋梁之臣势必会成为梁冀专权的绊脚石。正当梁冀想方设法除掉李固时，从清河传来刘蒜谋反的消息，这下梁冀开心了。要知道，当初李固可是力主刘蒜当皇帝的，现在刘蒜被无辜牵扯进谋反一事，只要罪名坐实，就可趁机拉李固下台了。

一桩荒唐的"谋反案"，不仅可以除掉民心所向的清河王刘蒜，还能将李固罢官免职，可谓一举两得，梁冀自然要好好把握这个机会。在还没有任何证据的情况下，梁冀当天就将李固抓到大牢里去了。

让梁冀意想不到的是，李固被抓竟然激起士人的公愤，引得李固门下的学生全都把自己铐在枷锁里，一群人围在皇宫大门外向朝廷请愿还李固公道。不仅如此，连平日畏惧梁冀权威的官员和百姓此刻也都赶过来为李固伸冤。

就在这时，梁太后迫于压力，下令无罪释放李固。当李固从监狱里平安走出来时，所有人都相当振奋。

梁冀此时更加明白李固的影响力，深知李固对自己是个巨大的威胁，仅仅罢官不足以消灭他的精神力量，必须将他处死才能稳固自己的霸权地位。于是，梁冀急忙跑到宫里找梁太后告状，说李固结党营私，收买人心。欲加之罪何患无辞，既然梁冀下定决心要置李固于死地，便不会在乎给李固捏造多少罪名了。梁太后虽然知道李固没有谋反之心，但此时他声望如此之高，对梁冀来说已经构成了威胁，毕竟梁太后和梁冀是同父同母的亲兄妹，梁冀若倒台，对梁太后来说有害无利。然而梁太后尚在迟疑时，梁冀却等不及了，仗着自己是太后的亲哥哥，竟然直接下令再次逮捕李固。

城中百姓的欢庆还没有结束，李固重新被关回大牢里。

此时李固十分清楚，梁冀势必要将自己置于死地。于是，李固写了封信给自己的好友胡广、赵戒，希望在将来能有人继续坚持正义："我李固深受国家大恩，所以竭尽心力，不顾个人安危，只希望能够匡扶王室，再创文帝、宣帝时的盛世。没想到朝廷被梁氏小人把持，而你们却曲意逢迎，本来可成的大事，最后反而失败了。汉朝衰亡从此开始。你们身受君王的厚禄，眼见政权颠覆却不扶持，后代的史册难道会包容你们的私心吗？我今天在劫难逃，但问心无愧，已经没什么好说的了。"

胡广、赵戒看到李固的信，虽然惭愧、惋惜，但此时连李固都被梁冀不讲道理地抓了起来，他们还能再做什么呢？除了暗自感怀李固的忠贞，再也没有别的办法。

李固被抓进大牢之后，梁冀深知李固的威信尚在，万一梁太后反悔再次下令释放李固，只会引起世人对自己更大的反抗。梁冀再也不能等了，只有李固从这个世界上消失，他才能安稳入睡。

李固画像

当天夜里，身在狱中的李固就被秘密处死了。

李固死后，梁冀命人将他的尸体扔在街口，下令说："谁敢来哭泣吊丧，一同加以惩治。"这时，李固有个叫郭亮的学生，还不到20岁，竟然不惧梁冀的淫威，左手拿着奏章和斧头，右手抱着铁砧，直接来到宫门上书，乞求为李固收尸。郭亮无功而返后，又集合了一群同学前去为李固吊丧，一群人守着李固的尸体，无论怎样威胁都撵不走他们。梁太后得知此事后，深知愧对李固，便下令赦免郭亮等人的罪责，并同意让李固的学生董班用布将尸体包起来送回家乡，入土为安。

郭亮和董班因此事被看作是李固精神的延续。董班在送李固尸体回乡之后，就归隐起来，再也没有了下落；郭亮则后来官至尚书。

小知识

范晔在《后汉书》中曾说："李、杜司职，朋心合力。致主文、宣，抗情伊、稷。道亡时晦，终离因极。"可见李固在当时的影响力。李固无辜遇害，也暴露了外戚把持汉室政权后的无道统治。

生错了年代
——李膺的党锢之祸

自光武皇帝刘秀以来,东汉就提倡学习儒学。此后历经几代皇帝,虽然都是宦官与外戚交替掌权,但无论哪一位皇帝,对儒学的倡导都是一样的。久而久之,知识分子在儒家的教育下,形成了一种特有的匡扶正义的使命感。这群以国家大义为使命,以世间正气为己任的儒学生逐渐形成了清流派,也称为党人,其精神领袖是李膺和陈蕃。

这两人声望之高,从当时广为流传的"天下楷模李元礼,不畏强御陈仲举"就能看出。既然称李膺为天下楷模,那么他自然有传奇之处。

其实,单从李膺能被教育程度极高的儒学群体视为核心人物,就能知道他的才华非同一般。不过到底有多与众不同,这就要说到李膺本人的修养了。

李膺有良好的品行,不仅嫉恶如仇,还经常惩治贪官污吏。仅仅这些还不够,除了能文,李膺还能武。在领兵作战上,李膺率领的军队在抗击北方鲜卑人的战斗中大胜而归,他实属全能型楷模。正因李膺样样精通,士人学子都以他为榜样。当时儒生均以能得到李膺的接见为荣,更将此称为"登龙门"。可见李膺对儒生的影响力有多大了。

但此时的朝廷却是宦官"五侯"的天下。这五个因诛杀梁冀有功被封侯的宦官,比起梁冀做的坏事简直是有过之而无不及。李膺没有看透李固当年的下场的因由,而希望能凭借自己的力量将宦官集团这个毒瘤清除干净。

李膺向朝廷弹劾宦官,理由是宦官参与受贿。要知道,桓帝得以从梁冀手中夺回权力,是依靠五个宦官才成事的。此时桓帝正是依靠宦官得以制衡朝廷的势力,如果宦官因此失势,桓帝自己的权力可能也难以保住。

但是桓帝也知道,如果这次对弹劾宦官的奏折视而不见,以李膺等人的执着,早晚还是会递上第二份、第三份奏折。只要一天不惩治宦官,李膺就一定不会罢休。于是,桓帝干脆找个罪名直接将李膺等人抓起来,并判了刑。

李膺告状不成,反倒被桓帝惩治。在服苦役期间,他虽然时而感叹朝纲不振,但对东汉的形势却始终没能认清。到了陈蕃当上太尉时,李膺才被解救出来。

重新回到朝廷的李膺并没有放弃自己的坚持,即使已经被贬官,他的威慑力仍在。这下子可让宦官们产生了危机感。不过宦官们还没来得及整治李膺,就被李膺搜出他们贪污的证据。随着张朔被处死,李膺的声望再次提升,士人们仿佛有了可倚仗的人,他们再次开始对宦官一党展开斗争。

此时,宦官们已经到了危急的地步。他们唯一感到宽慰的是,桓帝始终站在自己这一边。眼看宦官们终日提心吊胆,桓帝开始为宦官们撑腰,默许他们对士人学者展开反攻。

终于,宦官和士人之间的矛盾到了一触即发的地步。而宦官胜就胜在有桓帝作幕后老大,这令士人集团的斗争接二连三地遭遇滑铁卢。直到有士人被逮捕处死,而发生了"党锢之祸"。李膺不顾命令强行处死张成父子一事,也被宦官们趁机抓到了把柄,从而大做文章,最后李膺被抓入狱中。

李膺画像

"党锢之祸"发生后,不断有士人被抓,每天都有士人因此遭到严刑拷打。宦官们只有一个目的:逼迫士人供出结党营私的证词。

在很短的时间里,前后两百余人因此入狱,而此时连陈蕃都被免职。士人集团的两位精神领袖,一位被抓,一位被罢。此时再也没有人敢站出来说自己是"党人"了,更没有人敢为李膺求情。

李膺就这样被时代吞没了。其实以李膺的才学,本应该有大作为的,奈何李膺生错了时代。

难以争辩的命运
——杨秉辩护无果

杨秉出身于书香世家,在良好的学习环境下,他自幼就养成了爱读书的好习惯。到了桓帝时期,杨秉就因博学多闻而被召入宫中为皇帝讲学。按理说,杨秉当了皇帝的老师,应该很风光,但不巧的是,杨秉没有赶上开明盛世。他所处的时代朝廷乱七八糟,就连皇帝自己也昏头昏脑。

桓帝在位期间,虽有杨秉这个通晓《尚书》的大文学家在,但这个大文学家很明显只是个毫无作用的摆设。别说桓帝很少会听杨秉讲学,就是听了也是左耳进右耳出。

杨秉虽然明晓朝廷的现状,但在他担任尚书期间,对桓帝、对朝廷还是有一定的期望。桓帝好玩,有一次偷偷跑到河南尹梁胤的府邸饮酒取乐。这天,狂风大作,大风将大树连根拔起,前一刻还天朗气清,转眼间就变得一片昏暗。突如其来的变天在科学尚不发达的古代自然无法得到解释。杨秉虽然书读得多,但他毕竟不是气象学家,对于天气变化,他摆起老师的架子,主动上书指责桓帝,身为国君不在宫中好好学习,处理朝政,反而私自外出游玩,这次天气突变是上天对桓帝过失的指责。倘若日后因此发生谋反事件,后果就不堪设想了。

桓帝本来对朝政就没有兴趣,加上朝中又有外戚梁冀掌控,完全没有自由,被杨秉这么一说,好像连娱乐的自主权都没有了。桓帝对此很不开心,此后更加无视杨秉的讲学。

杨秉原本对桓帝还有期望,希望自己的讲学对桓帝治理国家有所帮助,此时他发觉桓帝如此冥顽不灵,便称病想离开朝廷。

杨秉说自己病了想离开,桓帝自然高兴,就封杨秉当个地方官员,打发他离开,省得杨秉在自己身边唠唠叨叨。太尉黄琼对此感到十分惋惜,在他看来,如果杨秉离开朝廷,那么桓帝身边又少了一个正直的人,这只会令梁冀这类小人更加猖狂。于是,黄琼向桓帝上书,表示应该把杨秉留在中央,不应当调到地方任职。桓帝毕竟年轻,见到太尉黄琼如此坚决,便将杨秉任命为光禄大夫继续留在中央政府。

虽然杨秉得以留在桓帝身边,但此时还有更大的隐患,就是大将军梁冀。随着李固、杜乔这些忠臣相继被梁冀迫害致死，杨秉认识到只要梁冀在朝廷一天，这个朝廷就不会有希望。在认清形势之后，杨秉再次以生病为由请求离开朝廷。

杨秉离开朝廷，一去就是 6 年。当杨秉再度被召入朝廷，任命为太仆的时候，梁冀已经被桓帝联合宦官一举诛杀了。梁冀一死，杨秉仿佛重新看到了朝廷的希望。可就在杨秉兴致勃勃刚回到朝廷这年，白马县令李云却被桓帝关起来了。本来一个地方县令与杨秉没有太大关系，而李云被抓的原因却令杨秉十分在意。原来，没有贪污、没有受贿的李云是因为直言进谏得罪桓帝而被抓的。杨秉知道这件事以后，认为桓帝不听别人的意见是不对的。于是，在桓帝给李云定罪之后，杨秉还是不顾死活地在桓帝面前争辩李云没犯错。

试想饱读诗书的杨秉义正辞严地为李云辩解，免不了会指出这件事是桓帝自己判断失误，是桓帝不听从意见，是桓帝有过错；还免不了举出古人事例，搞不好还铿锵有力地引用诗词，或者抑扬顿挫地组合出排比句来反驳桓帝的判决。

桓帝是九五之尊，虽然没有好好读过书，但毕竟习惯别人对自己唯命是从，而此时在杨秉一番陈诉下竟然无力回击，这让他的面子往哪里摆？杨秉不顾场合地当面指责桓帝，还安排了一场"李云无罪辩论赛"，桓帝彻底被激怒了，他直接下诏罢免杨秉的官职，让他离开朝廷，回老家种田。

杨秉被贬这件事，看似桓帝不讲理，但也可以说是杨秉自讨苦吃。在明知桓帝不是明君的情况下，非要和他讲道理，这实在是不明智。可以说，杨秉这场争辩从一开始就注定会失败。

> **小知识**
>
> 　　杨秉以清白廉洁著称，且生性不喜欢饮酒，他早年丧妻，此后表示不再婚娶。对此，杨秉曾从容地评价自己说："我不受三种东西的迷惑：'酒、女色、财货。'"

大丈夫当扫除天下
——陈蕃收拾残局

桓帝去世后,窦氏自然而然从皇后升为太后。窦太后执掌朝政,对陈蕃格外看重。此时朝廷以窦太后为领导核心,在陈蕃以及窦太后的父亲窦武的配合下,天下百姓仿佛看到了重振朝纲的希望。

陈蕃是忠臣,他扶持着窦太后执管国家政权,任用贤能的人,可谓是鞠躬尽瘁。桓帝虽死,但以曹节、王甫为首的太监党势力仍然存在,加上桓帝的奶妈赵娆混在窦太后身边,这就成了危害朝廷的一大祸患。太监相互勾结,平时私下结党营私,铲除异己,住在深宫里的窦太后并不知情,反而因桓帝的关系对曹节、王甫这些太监有一定的好感。即使桓帝死了,曹节、王甫依然没有失宠,他们靠着讨好窦太后,仍然有加官晋爵的机会。

朝廷里的大臣们对太监敢怒不敢言。然而其他人不敢惩治太监不代表陈蕃不敢。

陈蕃与大将军窦武说起此事,发现窦武对太监也有怨言。他便和窦武一起制定了一个铲除太监的计划。

其实,以陈蕃在朝廷的影响和窦武掌握的兵权,想要铲除太监一党简直易如反掌,可错就错在陈蕃太相信窦太后会站在自己这边。他上书给太后,说:"臣以为说话不正直,行为不端正,就是欺骗上天,辜负世人。太过直接地表达自己的意见,就会遭到凶恶坏人的仇视,因此为自己招致大祸。可是衡量再三,我宁愿选择招祸也不想要欺骗上天。现在京师人人都在议论,说侯览、曹节、公乘昕、王甫、郑飒等人与赵娆夫人等各位宫中女官一起为祸天下,追随他们的人能够顺利升官,反对他们的人却要因此受罚。此时朝廷里的大臣们,就像河中的浮木,东漂西浮,贪图禄位,时常担心自己被害。您不久前开始摄政,顺从天意,苏康、管霸都被治罪处死。当时天地清明,人、鬼都高兴,为什么刚过几个月您就开始放纵身边的侍从呢?论奸恶程度,再也没有人能比他们更厉害的。如果现在不马上处决他们,后果不堪设想。这群人危害国家,必然会酿成大祸。希望把臣的奏章给您身边的太监们看看,要让这些坏家伙知道我痛恨他们。"陈蕃这一番话对窦太后而言实在有些过于刚硬,毕竟为人臣子上书应该委婉,而陈蕃却像是训学生一样对窦太后说话。即使陈蕃早年对窦太后有恩,但此时窦太后早已不是当初普通的小贵人。陈蕃如此陈述,自然会引起窦太后的不满。加上窦太后和太监们也有一定的感情,所以最后窦太后不予采纳陈蕃的建议。这件事情被朝中大臣们知道后,他们都开始对朝政失去信心。

陈蕃接连几次上书都被窦太后驳回,但他并没有因此作罢,考虑到窦武是窦太后的父亲,于是陈蕃继续找窦武商量诛灭宦官一事。

陈蕃对曹节等人不满,还没行动,事情已经闹得满城风雨,这让曹节等人一下子充满了危机感。既然知道陈蕃非要致自己于死地,曹节这群太监自然不会坐以待毙。而窦武毕竟是窦太后的父亲,想要对付陈蕃难免要面对窦武。曹节想来想去,反正横竖都是死,不如先发制人。于是,曹节等人伪造了一份太后的命令,直接杀了窦武。当时陈蕃已经是70岁的高龄了,得知窦武被杀,立即率领官员和学生冲进承明门。结果陈蕃没能为窦武报仇,反而被曹节以结党徇私的罪名给抓了起来。

太监对被抓进狱中的陈蕃又打又骂,70多岁的老人哪里经得住拳打脚踢,陈蕃当天晚上就被活活打死了。陈蕃死后,他的朋友朱震得知此事,偷偷将陈蕃的尸体掩埋,又把陈蕃的儿子陈逸藏在甘陵境内。

后来,太监们开始诛杀陈蕃一家,发现陈逸逃走了,就将朱震全家关起来严刑拷打。朱震宁死也没说出陈逸的下落,这才使陈蕃后人得以保全。

陈蕃雕像

慧眼识木头
——蔡邕救琴

碰上汉灵帝这么昏庸的皇帝,蔡邕这种正直大臣的日子很不好过。直言上书得不到皇帝的重视反而还要被埋怨,而苟同奸臣自己的良心又过意不去。两难的蔡邕知道灵帝不喜欢自己,并且得宠的宦官们又经常在灵帝面前造谣生事,于是他选择了归隐。

不过,想要从灵帝和那些宦官眼皮子底下堂堂正正地辞官可不容易,搞不好来个欲加之罪,不但无法脱身,反而容易因此遇害。想来想去,蔡邕决定趁夜从水路逃离京城这个是非之地。

离开京城的蔡邕过起了自由自在的闲散生活,不用整天操劳朝政,也有时间投入自己的兴趣爱好。

蔡邕喜爱音乐,到了如痴如狂的地步。哪怕是弹奏出一点儿小小的错误,都能被他发现。既然蔡邕如此喜欢弹琴,少不了要研究各种琴,从选材到制作,从上弦到调音,每一个细节蔡邕都进行仔细钻研。蔡邕爱琴爱到什么地步?他从京城逃命出来时,宁愿舍弃衣物钱财,也一定要背着他心爱的琴离开。

蔡邕与琴的真正缘份发生在他归隐的日子里。当时,蔡邕租了一户寡妇家的小屋。这天,女房东搬来一堆木柴,准备烧火做饭,蔡邕则独自在自己的屋子里抚琴感怀,一会儿想到自己抑郁不得志,一

东汉大文学家蔡邕画像

会儿想到自己惨遭小人迫害。正当蔡邕沉浸在前途未卜的迷惘中时,忽然听到隔壁传来一阵清脆的爆裂声。凭着音乐人独有的敏感,蔡邕屏息凝神静听了几秒,待

确定自己心中的判断，便赶忙冲到厨房将女房东刚刚塞进炉灶里的木头拖了出来。原来，女房东将上好的桐木误当成普通木柴用来烧火做饭。蔡邕不顾一切地去救那块桐木，把自己的手都烧伤了。他抚摸着桐木，连连感叹这是稀世好木，恰好适合做一把好琴。

蔡邕救下桐木以后，付给女房东一些银子，将这块木头买了回去。虽然桐木一侧已经被火烧焦，但经过蔡邕的精雕细琢，这块桐木最后被做成了一把绝世好琴。这把琴音色精妙，余音绕梁，三日不绝。

桐木在不知情的人眼里被当作普通木头，蔡邕将其制作成了一把传世好琴。因为这把琴的琴尾被烧焦，所以被称为"焦尾琴"。

灵帝不识蔡邕之才，以致蔡邕有才无处发挥，被迫流落异乡。相比之下，焦尾琴是幸运的，遇到了蔡邕这样爱音乐、懂音乐的人，得以成为流传千古的名琴。

小知识

蔡邕曾想在会稽的竹林里选出一根竹子制作笛子，但找了很久也没有找到合适的。当时竹林中新建了竹亭，蔡邕发现竹亭屋檐第十六根竹子丝纹细密，又圆又直，不粗不细，正是他所要寻找的竹子，于是请求主人将竹子拆下来送给他。后来，蔡邕用这支竹子制成一把笛子，由于竹亭名叫"柯亭"，而竹笛又是从柯亭中取材，因此蔡邕将笛子取名为"柯亭笛"。

乞丐进化论
——曹嵩位列三公

当年无权无势的桓帝能够继位,靠的是宦官曹腾的帮助,曹腾因此被封为费亭侯,官拜大长秋,俸禄仅次于丞相、太尉。一个宦官能够有如此高的待遇,曹腾已经很不简单了。不过曹腾虽然身居高位,却并不据功自傲。在宫中多年,他举荐贤人,帮助桓帝处理朝政,十分清廉。

曹腾死后,原本的侯位由他的养子曹嵩继承。曹嵩原本是无依无靠的街头流浪乞丐,曹腾看他长得机灵乖巧,就将他收为义子,作为自己的后人。

靠着养父曹腾在朝廷中的地位和声誉,可想而知,曹嵩刚进官场时自然不会遇到太大的困难。

曹腾的人品无论是在宦官中,还是在士儒学者间,都算得上数一数二的。他对养子曹嵩的教育也没少花费心思。原本不懂规矩的乞丐曹嵩,在曹腾精心的教育下很争气地养成一种得体的处世习惯。他一言一行都是经过曹腾亲自示范教导的,这是他在官场上的一大优势。因此,曹嵩刚一入朝就能迅速晋升,这除了曹腾的影响,更多的是和曹嵩自己的努力有关。

桓帝末年时,年轻的曹嵩已经官至司隶校尉一职。等到灵帝即位,曹嵩又从大司农升任为大鸿胪,直接掌管国家财政和礼仪。此时的曹嵩已经位列九卿之内,在仕途上早已超过了他的养父曹腾。

不过,曹嵩能够位列九卿,除了他本人的努力之外,主要还是灵帝在位时的形势所然。灵帝在位期间,基本上没做什么正经事,大部分时间都是为了满足自己好色和当富翁的欲望。灵帝想要发财,想到最便捷的方法就是卖官。皇帝公然出价卖官,这无论在什么时期看来都很荒唐,而曹嵩则抓住了这一机会。曹腾的资产加上曹嵩为官后收入囊中的钱财,曹家可以说是富甲一方。不满足于大鸿胪一职的曹嵩拿出巨资给自己买了个太尉。成为太尉的曹嵩,官职仅次于大将军,曹嵩因此达到了自己政治生涯的最高峰。

不过,有名有利的曹嵩还是有烦恼的事情,就是没儿子。已经迈入中年门坎的他眼巴巴望着自己偌大的家业无人继承,这对曹嵩来说简直是巨大的打击。曹嵩千盼万盼,终于在中年盼来了自己的第一个儿子——曹操。

随着曹操一天天长大,曹嵩越来越感到失望。曹嵩没有想到自己的儿子对功名竟然毫无兴趣,反而整日舞枪弄剑。不过,曹嵩并没有放弃培养儿子接替自己的想法。于是,曹嵩请来朋友为曹操安排官职,又帮助他出兵作战。可以说,曹操早年的政治事业,大多是依靠父亲曹嵩的推动才得以成功。

曹嵩的好日子因董卓的到来而告终。当董卓掌控整个朝廷,原本曹嵩一类权臣成为被打击的对象。无奈的曹嵩只好带着家人跑到泰山华县躲避祸事。

当时在山东领兵的曹操与徐州的陶谦发生矛盾,一下子把华县变成了主要战场。曹操得知家人仍然居住在华县,就写信给曹嵩,让他来自己的行营避难。没想到这件事情在中途被泄露给了陶谦,本打算躲避祸事的曹嵩在半路被陶谦的士兵围住。此时,曹操派出接应的军队还在路上。就这样,曹嵩及其次子曹德,还有夫人、小妾都成了陶谦的刀下亡魂。

小知识

因曹嵩本为街头乞丐,故身世不明。在《三国志》曾记载"莫能审其生出本末",实际上是引用三国吴人所注的《曹瞒传》,这里面提到曹嵩本姓夏侯,是夏侯惇的叔叔。后经学者研究,否定了曹嵩本姓夏侯的说法。

赤壁之战的幕后操盘手
——鲁肃坐观成败

在赤壁之战中,周瑜和诸葛亮连手合作被看作战斗成功关键,但还有一个人,虽不像他们二人那般冲在战场最前方,却也发挥着重要作用,他就是幕后操盘手——鲁肃。

鲁肃虽不是从士族家庭里走出来的,但也算是出身名门。在鲁肃的家族中,虽然没有人当过官,但在地方却是数一数二的富豪。富家公子鲁肃不愁吃穿,这就给了周瑜借粮的机会。

周瑜当时缺少粮草,于是想到了富家公子鲁肃。鲁肃为人慷慨,得知周瑜有困难,二话不说就将自己家里的储粮拨出一半给周瑜应急。鲁肃不求任何回报地给予周瑜帮助,周瑜自然感动不已。因此机缘,鲁肃和周瑜成了莫逆之交。

周瑜发现鲁肃不仅有钱,而且很有才华,对天下形势很有见地。于是,他说服鲁肃跟随自己去江东投奔孙策。鲁肃听周瑜把孙策夸得天花乱坠,索性直接和周瑜来到了江东。

不过,周瑜看重鲁肃不代表孙策也看重他,因此,鲁肃在江东很长一段时间里都没有受到重视。鲁肃虽然郁闷,但并没有怪周瑜,反而蓄势待发等着属于自己的机遇。

没过多久,孙策遭到暗杀,江东政权转移到孙权手里。而周瑜第一件事就是将鲁肃引荐给孙权。两人刚刚交流了几句,鲁肃就得到了孙权的认可。于是,孙权将所有人都辞退下去,只留下鲁肃一人,不顾主仆之别,同坐在一张榻上,一边喝酒一边谈论天下形势。正

鲁肃画像

是在这番长谈中,鲁肃提出了"割据江东,攻占荆州"的对策。归根究底,鲁肃正是利用曹操无暇南下的机会,劝谏孙权积极发展自己的势力,而鲁肃的榻上决策中的很多观点和隆中对时诸葛亮的是吻合的。

鲁肃为孙权提出的建议,很快得以施行。不过,当鲁肃赶到荆州,想要攻打刘表时,刘表已经去世了,而内部分裂的荆州政权也已经归附了曹操。鲁肃得知消息后,决定尽快与刘备联合,因为曹操取得了荆州,下一个目标一定是江东。于是,鲁肃转而去见了刘备。

鲁肃与刘备这次的会面对孙、刘连手发挥了决定性的作用。在对抗曹操这个问题上,孙权本来没有信心,但又不忍曹操挑衅,加上鲁肃和周瑜一再坚持,就这样孙权正式决定和刘备联盟,共同在赤壁抵抗曹操军队。

鲁肃虽然被孙权看重,但周瑜始终比鲁肃技高一筹,赤壁之战的作战计划也是周瑜想出来的,这令鲁肃仍然无法成为孙权江东政权的核心力量。

直到公元 210 年,周瑜病逝,鲁肃才被提拔做大都督。

小知识

刘备攻占益州后拒绝归还荆州,于是,孙权一边命吕蒙与刘备作战,一边派鲁肃去巴丘阻止关羽接应救援。当关羽赶到巴丘一带时,恰好被鲁肃截下。鲁肃为了劝关羽顾全大局,保持联盟,请关羽到约定地点会谈。这次会谈,二人各带一把单刀,兵马都安排在百步之外,这就是历史上著名的"单刀赴会"。

区区寒舍有高人
——诸葛亮躬耕自娱

东汉末年,军阀割据,天下混乱。出身于名门世家的诸葛亮在南阳过着安居乐业的躬耕生活。说是归隐,诸葛亮对天下形势的判断却比别人要准确。他在等待一个属于自己的机会。

明宣宗朱瞻基绘画作品——《武侯高卧图》。此图描绘的诸葛亮敞胸露怀,头枕书匣,仰面躺在竹丛下,举止疏狂。应该是诸葛亮出茅庐辅助刘备之前,隐居在南阳,躬耕自乐的形象。

刘备和司马徽会面,司马徽不禁感叹:"现在的儒生见识如此浅薄,对当今时事根本不能透彻了解。而乱世在即,能够识时务者才是真正的俊杰,恐怕只有诸葛卧龙才是名副其实的高人。"听了司马徽的这番肺腑之言,刘备虽从未与诸葛亮谋面,但对诸葛亮本人已经有了一定的仰慕之情。

此事之后,刘备继续投入征战当中。这时的诸葛亮在做什么呢?他在种田。

诸葛亮每天日出而作,日落而息,过着极为规律的生活。不过除了种田,诸葛亮也没闲着,他不仅观察星象,平日无事还会和当时的名士司马徽、徐庶等人相聚,谈论天下大事。在这群好友里,虽然只有诸葛亮的日子过得最寒酸,也只有他仍然赋闲在家,但诸葛亮并不羡慕他们。在清贫的日子里,诸葛亮始终在蛰伏,他知道自己有朝一日会一飞冲天。

果然,官渡之战后,诸葛亮等到了他的伯乐——刘备。官渡一战,曹操大败依附于袁绍的刘备,他想得到刘备的军师徐庶,于是派人对徐庶说他的母亲生了重病,务必要徐庶赶往许都。徐庶心知自己很有可能有去无回,就在临行前对刘备说,在南阳有个难得的人才叫诸葛亮,请求他一定要去见一面。

刘备听徐庶一说,又想起了之前司马徽也提过这位诸葛先生,就对徐庶说:"那麻烦你传信让他来见我吧!"徐庶听后却只是摇头,说:"您想让他跟随您,就一定要屈尊亲自去见他,方可有机会请他出山。"

此时刘备尚不知这个在南阳种田的诸葛亮到底有多大本事,竟然还需要亲自去拜见他,但考虑到司马徽和徐庶两大名士都对他赞不绝口,就带着关羽、张飞亲自来到他所居住的卧龙岗拜见。谁知刘备带了诚意,也带了厚礼,第一次去的时候却赶上了诸葛亮在外出游,只有一个书童在家,书童说不清楚诸葛亮何时能够回来。

没过几天,刘备又带着关羽和张飞来拜见诸葛亮。这次天降大雪,一路走得十分艰难。等到了诸葛亮家,正好看见一个年轻人在读书。刘备激动得赶忙过去行礼,然而这个年轻人不是诸葛亮,而是诸葛亮的弟弟。至于诸葛亮,早在几个时辰前被朋友邀走了。再次失望而归的刘备这次留下了一封信,信中表达了对诸葛亮的仰慕之情,同时表示还会再来拜会他。

转眼新年之后,刘备选定了日子,再次拜访诸葛亮。这次诸葛亮虽然在家,但在午休。刘备知道诸葛亮在休息,就命关羽、张飞到门外等候,自己则站在台阶下静静等着他醒来。

终于,两人得以见面。刘备见到诸葛亮以后,便让身边的人都退下去,然后问道:"汉室已经衰败,如今奸臣当道,掌握朝纲,我想要伸张天下正义,但是自己的德行和能力远远不够,以致遭受今天的挫败。不过,我的雄心壮志并没有减退,请问先生有什么计策能够帮助我?"

诸葛亮说:"如今曹操以百万大军压阵,挟天子以令诸侯,想与曹操争锋的确不太可能。而江东有孙权三代割据,且地势险要,民心顺服,这样以德治民的人可以尝试与他结盟。荆州地区位置重要,不过刘表没有能力据守,这正是上天赐予您的机会。再说益州,那里土地肥沃,物资充足,百姓富裕,而张鲁在此地却从不珍惜,

《三顾茅庐》年画

此地的贤才将士都希望能有个英明的领导来这里。将军您是汉室子孙,信义闻名天下,如果可以夺得益州和荆州,并与孙权结盟,内修外治,复兴汉室基业指日可待。"

刘备听到诸葛亮的建议后,感叹诸葛亮果然是个高人,因此请求诸葛亮出山辅助自己。这年,诸葛亮不过27岁。

小知识

诸葛亮与襄阳名士司马徽、庞德公、黄承彦等交情深厚。有一次,黄承彦对诸葛亮说:"听说你要选妻,我家中有一女月英,尚未婚嫁。只不过小女头发黄、皮肤黑,但论才华却能与你相配。"诸葛亮听后便应许了这门亲事,转天就选定良辰吉日迎娶黄承彦之女。诸葛亮娶了丑女黄月英,乡里间因此编了句谚语:"莫作孔明择妇,止得阿承丑女。"不过也有一种说法是,黄月英本人极美,是其他女性嫉妒她,而刻意诋毁她的容貌。

聪明反被聪明误
——杨修之死

既然说到杨修,就不得不说说他的家世。

杨氏名门出英杰,四代均在朝廷居高位。到了杨修这代,家人自然对杨修的期望很大。不仅是杨修的家人,就连曹操父子也十分看重他。杨修年纪轻轻就已经在曹操身边身居要职。

杨修有良好的基因,又有显赫的家世,年少气盛的他自然也有与众不同的傲气。当时曹操已经控制了朝廷政权,虽然只是丞相之名,却有皇帝之实,称帝改制是迟早的事。可是杨修对曹操没那么多顾忌,仗着自己家世显赫,在曹操身边说话、做事向来都很随性,丝毫不知收敛。

有一次,曹操收到一盒从塞北送来的酥饼。曹操拿着精美的盒子,突然想要考验一下大臣们的才智。于是,曹操提笔在盒子上写了"一合酥"三个字,又派侍从将盒子传递给大臣们。大臣们眼巴巴地看着这个盒子,却不知曹操用意何在。正当文武众臣一筹莫展之际,杨修突然走出来,让宫人取来餐具将酥饼分给众人品尝。大臣们端着分到自己手里的酥饼,你看看我,我看看你,没见曹操发话,谁也不敢动口。而杨修却说:"这盒子上魏王不是写了让我们一人吃一口酥饼吗?"这下子群臣才恍然大悟。

这件事以后,曹操虽然当面称赞杨修机智,但内心已开始疏离杨修。曹操乃是当世枭雄,他的一举一动被杨修看破,这当然令他很不开心,因此也开始厌恶杨修。

后来发生的一件事令曹操真正对杨修动了杀机。

曹操南征北战,虽然打了无数胜仗,但也结下了无数仇怨,这令生性多疑的他担忧自己会遭人暗算。于是,曹操对自己的侍从们说:"我有个毛病,会在梦中杀人,所以在我睡觉的时候你们不要靠近我。"曹操交代完之后,就想试验一次。一天夜里,曹操假装在帐中睡觉,故意将被子踢落,侍从们见状准备上前帮曹操盖好被子,却又害怕曹操梦中杀人。有个曹操十分宠爱的僮仆,看到了曹操没盖被子,便想帮曹操盖好。可是当他刚走到曹操床前时,曹操忽然跳起来拔剑将僮仆杀了,之后继续回到床上睡觉。

第二天,当曹操睡醒,发现僮仆的尸体就在自己床边时,便假装惊讶地问其他人:"谁将我的近侍杀了?"众人如实相告后,曹操痛哭不止,派人厚葬了僮仆。

曹操这场秀本来是做给众人看的,以防自己将来在梦中被害。但到了出殡时,杨修却很不知趣地抚着棺材叹息道:"丞相非在梦中,君乃在梦中耳!"这话无疑挑明曹操是在演戏,故意杀了僮仆。主子的意图被看穿也就算了,偏偏杨修当众说出来。因此,曹操对杨修十分恼怒,但碍于杨修的背景始终没有处置他。

当曹操出兵攻打刘备时,遇到马超据守,久攻不下,他想退兵又怕被蜀兵耻笑。正当曹操进退两难之时,夏侯惇前来询问夜间口号,曹操看着碗中鸡汤里的鸡肋,有感而发,就对夏侯惇说:"鸡肋。"

夏侯惇领了命令回军传达,这时候杨修又跑来捣乱,竟然要士兵们准备撤兵。夏侯惇不解,杨修解释道:"魏王不是说'鸡肋'吗?由此可以看出,如今进攻蜀地就如鸡肋一样,吃起来没肉,丢了又可惜。在这里显然没有益处,魏王当然要尽早班师回朝。"夏侯惇恍然大悟,于是跑去收拾行李。

曹操这时还在想着怎么攻打刘备,突然听到士兵们都兴高采烈地嚷着回去。曹操问明原因,知道是杨修以"鸡肋"分析作答。这次他再也不能忍受杨修了,他愤怒地说:"杨修动摇军心,造谣生事,其罪当诛!"说罢,就令人将杨修拉出去斩首了。

被砍了头的杨修,至死也不明白自己把聪明用错了地方。这是杨修年轻气盛、不谙政治、随便说话的后果。

小知识

杨修的祖先杨喜在汉高祖时期建功,被封为赤泉侯。其后,高祖杨震、曾祖杨秉、祖杨赐、父杨彪可谓一门四杰,历任司空、司徒、太尉,均为三公之位。可以说,杨家是两汉时期历史最悠久的名门世家,杨修正是在这样声名显赫的环境中长大成人的。

第三章

不是外戚掌权，就是宦官乱朝

政治暴发户
——窦宪绝处逢生

汉章帝去世,留下年仅10岁的幼帝和窦太后面对朝中一众文武。幼帝无法自理朝政,只好让窦太后临朝称制。在心思各异的文武百官中,窦太后能够依靠的只有他的哥哥窦宪。

但窦宪真靠得住吗?毕竟窦宪曾倚靠妹妹的关系为非作歹,如今窦太后执掌朝廷,窦宪岂不是要变本加厉?然而窦太后除了能想到让窦宪帮助自己,再也找不到其他合适人选。即使窦宪为人不可靠,但再怎么说也是自己的哥哥,总不至于伤害亲妹妹和外甥吧。

窦宪终于有机会再次崛起,并以侍中的身份入宫主持机要。窦宪升官之后,将其他的窦氏兄弟也提拔了起来。一时间,朝廷里的重要部门都是由窦姓的人在把持。

权势熏天的窦宪又迷失了自己,再一次为非作歹。

窦宪在窦太后眼皮子底下明目张胆地杀人放火。窦太后久居深宫,而身边人又都被窦宪控制,她自然不知道窦宪的行径。

窦太后管不了窦宪,就更没人能管他了。窦宪在这段时间里可以说是风光无限,无人能比。

不过窦宪的得意日子并没有过多长久,在章帝葬礼上出现的刘畅彻底抢了窦宪的风头。刘畅这个人八面玲珑,为人风流,很讨窦太后喜欢。窦太后常常召刘畅入宫,久而久之,窦宪就被窦太后冷落了。

年轻守寡的窦太后没事找刘畅解闷本是无可厚非,但窦宪这个做哥哥的却吃起醋来。毕竟窦宪平日都是仗着窦太后的权势才敢横行霸道,假如刘畅成为窦太后的心腹,窦宪的地位很有可能会受到威胁。

面对刘畅这个绊脚石,窦宪下定决心要踢开他。而解决刘畅对窦宪来说并不是什么难事,毕竟窦宪培养刺客还是很在行的。

一天夜里,窦宪派刺客潜入刘畅的家中将其杀害。

刘畅死了,窦太后大怒,当即下令让窦宪彻查此事,追查凶手。

窦宪从窦太后这里领了命令,虽说自己就是幕后指使人,但总不能跟窦太后说实话。怎么办呢?窦宪只好演一场贼喊捉贼的戏给窦太后看。等到窦宪累了,就把刘畅那个远在临淄的弟弟刘刚抓来当替死鬼,借口说刘畅、刘刚两兄弟不和,刘刚因此杀了刘畅。刘刚被窦宪搞得一头雾水,大喊冤枉,说刘畅出事时自己没在洛阳。

刘刚伸冤其实是白费心力,窦宪摆明着要把罪名嫁祸到刘刚头上。你说自己没在洛阳,但是你可以找刺客行凶。现在又抓不到刺客来对质,谁能证明刺客不是你派来的呢?

窦宪这种指鹿为马的行为,朝中众臣都心知肚明,但窦太后却相信。于是刘刚被判决死罪。

在刘畅的案子定案时,有一个人自告奋勇申请重审此案。这个人名叫何敞,是太尉府的一名普通官员。何敞官职虽小,但胆大如斗。当何敞前往青州重审此案时,窦宪急了,又是阻挠又是刺杀。窦宪欲盖弥彰的行径终于令自己露出马脚,刘畅之死的谜团也终于真相大白。

窦宪在证据面前哑口无言,窦太后这时也终于知道窦宪长期以来的所作所为。这次窦太后彻底对窦宪死心了,不再包容他的胡作非为,下令将窦宪软禁在家中。窦宪这下算是结束了胡作非为的日子了,而就在窦太后犹豫杀不杀窦宪期间发生了匈奴入侵事件。窦宪仿佛抓住了救命稻草,主动申请对抗匈奴。

说到底窦宪毕竟是窦太后的亲哥哥,窦太后看到有机会能给窦宪将功赎罪,便应允了。

就这样,本来已经陷入绝境的窦宪再次绝处逢生。

小知识

当初,窦宪曾倚仗自己的妹妹是皇后,以低价强买了沁水公主的田园。汉章帝知道这件事后勃然大怒,骂道:"公主的田园你也敢抢,还像赵高那样指鹿为马,这是欺上瞒下,其心可诛!"窦宪意识到自己大祸临头,慌忙请妹妹窦皇后出面调解。窦皇后脱下了皇后的装束,改穿妃子的衣服,去找汉章帝求饶认错,这才免了窦宪的罪。

皇帝年幼谁当家
——邓氏的权力之路

先说说邓绥的出身。她的爷爷是开国元勋邓禹,父亲是死后被尊为神的邓训。当时像邓绥这种出身高贵又和政治沾边的女子,十之八九都要被送进宫给皇帝做老婆的。

邓绥虽然出身名门,当时却有另一个女人的家族比她的更为显赫,而且这个女人比邓绥早入宫很多年,她就是汉和帝的阴皇后。因此,无论汉和帝日后多么宠爱邓绥,她也只能当一个贵人。

在后宫中,人人都想得到皇帝的宠爱,也都想拥有至高无上的权力,邓绥俨然成了后宫女人嫉妒的对象。因为自从邓绥进了宫,皇帝的心思便都花在她的身上。而看邓绥最不顺眼的则要数阴皇后了。

虽然邓绥当了贵人,平日对皇后十分恭敬,但阴皇后还是担心她早晚会因为汉和帝的宠爱把自己从皇后的位置上挤下去。当然,阴皇后这种担心并不是没有道理,毕竟光武帝刘秀就因宠爱阴丽华而罢免了郭皇后。

阴皇后担心邓绥会夺走自己的后位,更担心邓绥会夺走汉和帝对自己的宠爱。然而越是担心的事情往往越容易发生。在后宫中皇后的声望没有邓绥高,这令阴皇后更加恼火。

邓绥虽然得到和帝的宠爱,但要为自己的日后做打算。和帝的身体状况一直都很糟糕,有一次一场大病几乎要了他的性命。和帝病重时,邓绥心知,假如和帝一死,权柄必然要落入阴皇后手中,到时候阴皇后贵为太后,自己失去和帝的庇护,搞不好下场会像当年的戚夫人那般凄惨。想到这里,邓绥不禁打了一个冷颤,于是准备了毒药,预备在和帝驾崩后,自己服毒自尽。

但老天这次却很眷顾和帝与邓绥。病重的和帝竟然在生死一线间挣扎过来了,邓绥也算暂时松了一口气。

阴皇后这时候再也等不及了,她只要看到邓绥待在和帝身边,就感到不痛快。于是,阴皇后计划联合自己的外婆,搞巫蛊弄死邓绥,这样一来自己就再无障碍了。

阴皇后实在愚昧,竟然想依靠鬼神。在科技不发达、皇帝又是统治核心的古代,巫蛊这种事情简直比谋反还要罪不可赦。没想到阴皇后因为这件事,竟然给了邓绥当皇后的机会。

阴皇后搞巫蛊一事被揭发后,阴氏满门都因此遭殃。这期间,邓绥也没闲着,每天跑到和帝那里请求网开一面。其实谁都知道,阴皇后搞巫蛊,和帝不处死她已经是很大的宽恕了,而放过阴皇后则根本是不可能的事情。邓绥偏要情深意切地求和帝顾念夫妻之情。邓绥的这种做法虽然对阴皇后没有帮助,但是帮助了自己,她在和帝心中树立了更好的形象。

阴皇后的事情告一段落,邓绥自然被立为皇后。没过多久,和帝去世,邓绥成为太后。

有一件事情邓绥要面对,就是她和阴皇后都没有生过孩子。和帝的皇子中健在的,只有一个年长的刘胜和一个不足百天的刘隆,邓绥必须从这两个皇子里选出一个立为皇帝。

按道理讲,应该由年长的刘胜即位。但邓绥明白,如果刘胜当皇帝,他自然会把感情倾注于自己的生母,而且刘胜有他的想法,一定不会受自己的控制。所以她选了年幼的刘隆登基。

小皇帝刘隆登基,按照惯例,邓太后要临朝。这开启了邓太后的权力之路。邓太后凭借自己的才能,足足统治东汉王朝长达 15 年之久,她是东汉掌握权力时间最长的女人。

> **小知识**
> 汉和帝生前打击外戚,在其死后虽然也有很多邓氏族人希望打着邓太后旗号作威作福,但都被邓太后压制下去。在她统治期间,并没有出现外戚掌权的现象。

当个皇帝不容易
——刘懿与阎氏戚族的交易

阎姬当上皇后靠的既不是才干,也不是运气,更不是宠爱,而是特殊的关系。说到阎姬的后台,可轻视不得,那个人可是当时最高权力者——邓太后。按理说邓太后姓邓,阎姬姓阎,两人应该没什么关系,可阎姬的母亲是邓太后的弟媳,这么一论,后宫中这两个女人自然要亲近很多了。

有了邓太后这个靠山,阎姬的皇后之路简直顺利极了,根本不用担心哪天皇帝不宠爱自己而位置不保。但是阎姬在后宫生活还是有她的期盼——她盼着自己的老公早点死掉。

虽然阎姬这种想法大逆不道,但在东汉时期不是没有道理。毕竟东汉的皇帝一个比一个死得早,皇帝死后基本上都要由太后掌管朝廷。所以,阎姬盼着自己能早日成为太后,然后像阴太后、窦太后、邓太后那样威风八面。

公元125年三月,汉安帝终于死了,阎姬如愿以偿地当上了太后。既然有太后执政的先例,加上前任邓太后掌控朝廷15年,阎姬此时对权力的渴望已经到了无法抑制的地步。

阎姬穿上太后凤袍后做的第一件事,就是成立属于自己的阎氏集团,继而把持朝政。

阎姬没有孩子,她苦恼立谁当自己的傀儡皇帝了。毕竟别人的孩子既不跟自己一条心,又易不受自己控制,搞不好养大了还反过来咬自己一口。这时,朝廷里舆论明显倾向于济阴王刘保。这可吓坏了阎姬,因为她身上还背负着杀害刘保母亲的血债,倘若刘保继位,那他岂止是和自己不亲近,简直会要了自己的命。

当初,宫女李氏因为得到安帝的临幸,生下一子,取名刘保。阎姬因此妒性大发,将李氏毒杀。元初七年(公元120年),李氏所生的皇子刘保在皇太后邓绥的支援下被立为皇太子。阎姬一直未能生养,即便她对太子刘保心怀不满,此时此刻也无可奈何。邓太后病死之后,安帝亲政,阎姬顿时精神来了,在对付邓氏外戚的同时,她将阎氏一族加官晋爵。随后,阎姬又诬告太子刘保谋反,怂恿安帝废黜太子刘保,将其贬为济阴王。

阎姬想来想去，觉得必须尽快选定皇帝接班人，将局势稳定下来。于是，她找来自己的兄弟阎显询问意见。阎显想了想，既然阎氏家族要掌控朝廷的权力，那么就应该选一个好控制的皇帝，这个皇帝要年纪小，这样才能万无一失。按照这个标准，阎显想到了济北王刘寿的儿子刘懿。

定下了皇帝人选后，阎显便以大将军之威，迎接少帝刘懿登基。当时刘懿尚不通人事，刘寿将自己的儿子刘懿送到皇帝的位置，虽然有无奈，但无疑也是和阎氏集团做交易。这个事件中，最重要也最无辜的刘懿处于风暴中心，成为权力过渡的筹码，可他却浑然不知。

刘懿即位不到半个月，阎太后就将朝廷变了一个样儿。凡是管事的官员一律撤掉，全由阎氏家族人顶替，而阎显兄弟在阎太后的支持下更是把持了朝政。

然而阎氏家族的好梦并没有做太久就被现实的冷水泼醒了：刘懿去世了！

阎氏家族怎么也没想到，竟然不到两百天，刘懿就得病去世了。刘懿死后，他们一时间找不到第二个合适人选接替他，没了皇帝做招牌的阎氏家族没办法嚣张下去。在这段政治空窗期，原本拥护济阴王刘保的人再次筹划立他为帝。而刘保想要登基，首先要将阎氏势力铲除才行。于是，在一场精密的策划下，宦官孙程等人将阎显兄弟诛杀，刘保被拥立为新任皇帝，是为汉顺帝。对于这个皇帝宝座，刘保是失而复得。

小知识

阎太后，尚书阎章的孙女。少帝登基不到一年因病去世，此时太监孙程等人发动政变，铲灭阎党，迎立顺帝。阎氏集团被消灭后，阎太后被迫离宫，第二年在幽愤中去世。

太监推来个汉顺帝
——宦官粉墨登场

刘保当上皇帝几经波折,而他此时比其他的皇帝更能感觉到"高处不胜寒"。这年刘保不过11岁,经历了几番大起大落,小小年纪就有了一颗老成的心。在诡异的政治气氛下,刘保觉得每个人都可能会陷害自己,不知道自己可以相信谁。

当然这不能怪年幼的刘保内心阴暗,毕竟他过去所经历的事情的确是常人无法想象的:他小时候,他的生母因阎皇后的妒忌被陷害杀死,就连他的奶妈也不能幸免。没了母爱庇护的刘保,到后来连他的父亲也不喜欢他,因为汉安帝听信了谗言,把刘保当成妖怪。生在帝王家的刘保本来就不像平常人家的孩子那样感情丰富,在这一系列事情的刺激下,他变得愈加孤僻。

刘保身边还是有人对他好,就是以孙程为首的一些宦官。

孙程在汉安帝时就被任命为中黄门,职务主要是看守宫门,相当于皇宫的保安人员或门卫。邓太后执政后,并没有极力排挤宦官势力,还比较信赖孙程,封他为中常侍。

公元126年,汉安帝在南巡途中病死,阎氏家族与宦官江京阴谋勾结,将济北王刘寿的几个月大的儿子刘懿立为新君。这个婴儿没过多久就夭折了,阎皇后打算另找一个小孩来替代。但是这时朝中力量已经开始有所转变,许多大臣都把皇位继承人定为前太子,也就是如今在外的济阴王刘保。

这时宦官集团内部也闹分裂,一派以江京、李闰为首,另一派以孙程为首。江京依附于外戚势力,孙程属于邓太后的阵营。孙程一直与江京不和,邓太后死后他就被孤立起来。不过他现在身为中常侍,好歹也是高级宦官,有一定的实力,所以他在寻找发迹的机会。

江京凭借外戚势力,权力暂时比孙程大。孙程总觉得这个冤家一天不除,自己就难有出头之日。正好,这次立新君的行动为孙程提供了难得的机遇。孙程先与济阴王的使者暗中通信,表示认可济阴王的嫡系血统,保证拥立他为皇帝,然后乘机除掉奸臣江京等宦官势力和阎氏家族。使者答应并向济阴王报告,孙程被秘密嘱咐全权负责,妥善安排计划好这次机密任务,事成之后将会受到重赏。

于是，孙程联络自己集团里的王康、王国等十八个宦官，在德阳殿西钟下集合，密谋策划。为了团结力量，这些太监举行了断衣起誓的仪式，开始进行政治"投机"行动。行动安排在两天后的晚上，孙程知道这天是江京一伙人值班，正是下手的好机会。孙程这十九名宦官操起兵器，集体闯入章台门，将值班的江京、刘安、陈达等死对头杀死，只有李闰被留下活口。因为李闰在内宫里有些威望，孙程想让他降服其他宦官党羽。

事情进行得非常顺利，很快地，他们来到德阳殿西钟下，共同宣布诏令，拥立济阴王为新任皇帝，即汉顺帝，同时召集各位大臣迎接皇帝御驾。

孙程还命令禁卫军封锁各个宫门，逮捕阎氏党羽，并及时将其处死。

第二天，刘保从阎太后手中夺回玉玺，正式登基，将阎氏家族流放到边关之地。宦官孙程是这次事变的策划者，也是其中的积极参与者，功劳最大，被封为浮阳侯，其他的十八人也全部被封侯。

从此，他们在朝中声望日隆，甚至被称赞其功绩堪比汉朝开国功臣韩信、彭越等人。

刘保长大成人后，对孙程的依赖慢慢减弱，而孙程仍然习惯对刘保指手画脚。久而久之，刘保开始疏远孙程。

没了孙程的刘保，刘保自然要寻找第二个可以信任的排忧之人。刘保似乎已经养成一种依赖宦官的性格，离开孙程后刘保又和宦官张防亲近起来。而张防并没有孙程的骨气，也没有经历过宫中的变动，他对刘保只是趋炎附势地讨好。

张防恃宠骄纵，收受贿赂，屡次被正直的司隶校尉虞诩弹劾，但汉顺帝都没有理睬。虞诩就来一个狠招，让人把自己捆绑起来，自投监狱中，说不惩治张防就不出来。这有点威胁皇帝的意思，张防乘机亲自审讯虞诩，想置他于死地。

宦官孙程还算有点儿正义感，很敬佩虞诩的刚直忠诚。他进宫向皇帝上奏，为虞诩辩解求情，希望把他释放，应该将张防送进监狱才对。《后汉书》里记载，孙程对皇帝说这一番话的时候，张防就站在汉顺帝的身后，孙程义正辞严地指骂他："奸臣张防，还不下殿去！"张防自知理亏，难以抗辩，不得已退出了东厢房，这时他又听见孙程向皇帝说："陛下应该尽快将张防关入大牢，不要让他向您的乳母求情。"张防听后也无可奈何。

事后，孙程又上表陈述虞诩的功劳。皇帝于是把虞诩释放出狱，并且提拔他为尚书仆射。由此可见，并不是所有得宠的宦官都在作恶，孙程还是做了好事，值得后人表扬。不过由于孙程这次做事过于激烈，致使皇帝对他有所不满，不久便将他免官。后来汉顺帝经过反思，又加封孙程为宜城侯。

鉴于孙程在其封地的良好表现，皇帝对这位昔日功臣非常赞赏与想念。两年后，皇帝把他调回京城，官封骑都尉，掌管羽林军，与宰相的地位不相上下。

公元132年，这位大宦官在职病逝，皇帝亲自封他谥号为"刚侯"，并让他的弟弟继承其封地，他的养子程寿继承其爵位及一半食邑。

一个小小的太监最后能掌管皇宫禁卫军及京城军事权实属难得。

小知识

没有这些宦官，汉顺帝就不会继位。为了回报宦官当初的功劳，在孙程的提议下，公元129年，汉顺帝专门颁布一道诏书，特许宦官可以无限制收养儿子，并且养子可以世袭其爵位。这个特权显示了皇帝对宦官的恩宠，却无限制地增长了他们的权势。

不顾身份的结盟
——梁商明哲保身

回顾外戚的统治史,其实有很大的相似性,都是开头很风光,结局很悲惨。但在权力的诱惑下,能看清这一点的人并不多,相反地,有更多的人都愿意相信自己可以得到美好的结局。不过,头脑清醒的人还是有的,他就是梁商。

说到梁商,可能了解他的人很少,但说到他的儿子梁冀,想必大家都知道。不过,梁冀的顽劣不能用"有其父必有其子"来表述。关于梁冀的无法无天,只能说是他个人的成长出现了问题,完全脱离了他父亲的教育。

公元135年,梁商从执金吾一跃升为大将军,此时这位皇帝的岳父已经站在了人生最高点。而在他接受任命过程中,却几经波折。拖延他升任大将军的原因就是他自己。

原来,梁商在一年前就已经收到了皇帝的任命,但自幼熟读经史子集的梁商并没有因此高兴,他的第一个反应是要推掉任命。于是,梁商开始在家装病,但梁商在床上躺了一年还是没能改变皇帝的决定。当时皇帝正宠爱皇后梁妠,对梁商这个谦虚谨慎的岳父也非常满意,自然认定大将军人选非梁商不可。推了一年都没推掉大将军一职的梁商只好接受任命。就这样,梁商很不情愿地成了皇帝一人之下最有权力的人。

当了大将军的梁商不但没有因此得意,反而待人处事更加低调。在他看来,能获得高位并不是因为自己真的有实力,而是因为皇帝宠爱自己的女儿,给岳父面子才加封自己的。除了这种谦虚的想法外,还有更重要的一个原因,梁商看破了外戚得势的后果。回顾外戚的发展史,盛极一时的窦戚集团何在?无法无天的阎戚集团何在?梁商是聪明人,他自然知道盛极必衰的道理,所以在盛宠面前,他不但没有因此得意,反而越来越谦卑。

谦卑的梁商在朝廷内外获得一致好评,加上他有军功在身,稍不留神便吸引了一群粉丝。梁商此时虽被皇帝器重,但他明白功高震主的道理。即使梁氏有一定的势力,宫里的太监也不是好惹的,毕竟皇帝对曹节、曹腾这些太监还是十分倚重的。

懂得官场相处之道的梁商这时做了一个决定：结盟太监。这看似很不顾身份地位的决定，却真正捍卫了梁商在朝廷的根基。太监们不时在皇帝耳边替梁商说好话，重权在握的梁商彻底得到了皇帝的信任，而关于皇帝的动态，梁商又能在第一时间从太监那里得到消息。这样一来，梁商不仅保证了自己的人身安全，还稳固了自己的权力地位。

不得不说，梁商左右逢源的本事是一流的，在他谦卑谨慎的性格配合下，虽然在他任期的6年里并没有什么丰功伟业，他却和身边的同事、手下都相处得很好，可以说人缘好极了。即使在朝廷中，梁商也能从容应对，赢得各方对自己的支持和尊重。

公元141年，梁商病逝。这位大将军用人格魅力征服了认识他的人。即使梁商生前多次嘱咐过要将葬礼办得简单点，皇帝还是没有听从这位岳父的遗言。梁商死后，为了表示对他的追念和尊敬，也为了不给皇后丢脸，皇帝为他办了一场豪华葬礼，其隆重场面不亚于帝王的葬礼。

小知识

梁商经常举荐贤能，京城人对梁商的评价很高。在饥荒时，梁商将自家的稻谷运到城门口，赈济那些没有粮食吃的灾民，并将此功归于国家。然而，在梁商掌权期间，梁氏一族崛起，这促成其子梁冀日后的专权。

东汉的十年黑暗
——梁冀的跋扈统治

9岁的质帝因为一句"此跋扈将军也",被梁冀明目张胆地毒死了。在梁冀的流氓统治下,连他手下的一个普通小官都不可一世。

此时东汉的政权已经被梁冀牢牢掌握在手中,不仅朝廷内外都遍布他的势力,就连皇帝身边也有他的眼线。在梁冀未倒台的前十年里,东汉王朝可以说是最黑暗的时期。虽然朝廷还有像李固这样正直的官员,但在梁冀不论罪证地将李固强行处死之后,原本就为数不多的正直官员也陆续向梁冀屈服了。

其实,用"跋扈"来形容梁冀,完全是含蓄的说法。梁冀的横行霸道,已经到了残忍的地步。

当时,梁冀为了狩猎方便,在洛阳城西边建了个"兔苑"。都城周围数十里的地方,全都圈起来养兔子。兔子难免会乱跑,百姓在山上打猎遇到了难免会误杀,毕竟兔子身上没写梁冀的名字。梁冀却不能容忍这种事情发生,一旦抓到猎杀了他的兔子的人,他立即将之处以极刑。因此,洛阳附近的百姓即使在山上碰到了野兔也不敢猎杀,生怕被梁冀找碴而丧命。

洛阳人都知道不能随便抓兔子,但是外地人不知道。有一次,有个从西域过来的人恰好猎杀了梁冀的兔子,结果梁冀出动官府挨家挨户地抓人。因为一只的兔子,梁冀草菅几十条人命。

梁冀养兔子就要圈十几里地,他的宅邸更建得宛如皇宫,如此穷奢极欲的生活,以其俸禄及非法所得恐怕也难以维持。面对入不敷出的财政状况,梁冀想了两个办法解决资金问题。

第一个办法就是收"进门费"。当时每天都有很多官员到梁冀家拜访,如果想进入府内,就乖乖地把钱交上来。久而久之,梁冀府上连看门的人都腰缠万贯。

如果说梁冀的第一个办法很过分,那么第二个办法简直就是缺德。当时有个首富叫士孙奋,梁冀派人给他送了匹马。送马干什么?换钱!换多少钱?五千万!一匹马五千万,这种事不论落到谁身上都不好受。士孙奋本可以拿出这么多钱的,可他偏偏吝啬,憋了半天只拿出三千万给梁冀。梁冀拿着钱,心里很不高兴:我要五千万,你却只给我三千万,这显然是不把我当一回事啊!

梁冀不开心,后果很严重。士孙奋的母亲直接被抓进大牢。罪名是什么?偷梁冀家的东西。

梁冀这个谎话编得离谱,可是百姓们面对梁冀的暴行除了视而不见又能怎样?抓了士孙奋的母亲后,梁冀又想把士孙奋家的财产据为己有。于是,士孙奋一家老小都被抓了进去,每天被严刑拷打,家产全部被没收。不用说,士孙家几代积累下来的财产就都成了梁冀的私有财产了。

有梁冀这个混世魔王在朝廷弄权,国家已经不像国家,完全失去了秩序。官员们相互勾结,中饱私囊,地方恶霸也开始肆无忌惮地烧杀抢夺,无恶不作。在这最适合恶棍流氓生活的黑暗十年里,民不聊生。苦不堪言的百姓在各方的权势压迫下,彻底对生活失去了信心,几乎每天都有几百人或死于非命,或无奈自杀。

而梁冀施行淫威的日子仍然在继续,没有人可以阻止他,就连皇帝也要生活在他的施舍之下。收到贡品,都是梁冀先挑选,皇帝只能捞点儿梁冀不屑一顾的剩余贡品。而不给梁冀送礼的人,只好等着被梁冀送去腰斩。

小知识

当初,梁冀得知洛阳县令吕放曾向梁商说了很多他的坏话,就派人将吕放刺杀了。而梁冀怕梁商知道,便将刺杀吕放的嫌疑嫁祸给吕放的仇家,然后任命吕放的弟弟吕禹为洛阳令。等到吕禹有了权力后,第一件事就是捉拿吕放的仇家,将其整个宗族以及一百多个宾客全都杀掉。

容不得外戚再放肆
——汉桓帝封侯宦官

公元 159 年六月的一天,桓帝第一次笑了,因为梁太后死了。要知道梁太后在世时,桓帝每天除了要看梁冀的脸色行事,还得忍受梁太后的管束,日子过得实在不痛快,别说没有皇帝尊严,就是连男人基本的尊严都无法维持。

梁太后一死,无论梁冀再怎么跋扈嚣张,他还是得倒吸一口气,毕竟他有今天,是靠着梁太后的关系。如今失去了重要靠山,这对于梁冀的地位是会有所动摇的。于是,梁冀把一个叫邓猛的女人送进宫中给桓帝当老婆。

当时朝中中大臣邓香刚死不久,梁冀就霸占了他的妻子宣氏,还把宣氏所生的女儿邓猛送进宫里给皇帝作嫔妃。

美貌的邓猛果真受到了汉桓帝的宠幸,被封为贵人。

梁冀这一招其实是通过"贿赂"皇帝,来掩饰自己丑恶的非法行为。

看到邓猛得到皇帝的宠幸,梁冀便开始居心不良,想让邓猛改姓做他的女儿,但担心她的姐夫邴尊不答应。为了防止邴尊从中作梗,梁冀狠心痛下毒手,派人刺杀了邴尊,接着又想杀宣氏灭口。

宣氏把这个消息告诉自己的女儿邓猛,希望她能求皇帝帮忙解救。

桓帝早就因外戚不把自己放在眼里而怨愤不满,现在听说大将军梁冀目无王法,竟然要杀害自己的丈母娘,便想借此机会决心除掉这个毒瘤。

由于朝中上下很多梁冀的爪牙,皇帝首先得找到得力亲信和帮手才能有成功的机会。

在一次上厕所时,汉桓帝暗中问身边的宦官唐衡,有哪些人跟梁冀不和。唐衡知道内情,说出四个人:中常侍单超、小黄门史左悺、中常侍徐璜、具瑗。加上唐衡,他们就是日后被封为"五侯"的太监。

桓帝立即把单超等五人秘密召进宫里,同他们商量诛杀大将军梁冀,并与他们暗中策划这场行动。

单超拍胸脯回答说这事好办,但附加一句:"如果皇帝心中狐疑,说不定就会坏了大事。"其实单超是希望皇帝能够完全信任自己,全权让他们处理。汉桓帝给了他们保证,同时要他们必须忠于王室。单超伸出手臂,让皇帝在自己的手臂上狠狠咬一口,于是君臣六人歃血为盟。结盟之后,汉桓帝就把事情全权托付给这五人,让他们回去好好密谋策划一番,最后再给他们一点压力:只许成功,不许失败。

单超虽然口头上对皇帝说事情不难,但要解决掉梁冀其实并不简单。单超盘算之后又把另外三名宦官拉拢进来,壮大实力。不过很快地这些人的行踪就被梁冀怀疑,梁冀派了自己的亲信张恽严密监视。

不过这并不碍事,这个间谍不久就被单超秘密逮捕。随后趁势在桓帝的命令下,单超这几名太监连夜带领羽林军包围梁冀的将军府邸,第一时间就收缴其将军印,解除了他的兵权。

梁冀无奈自杀,梁氏家族其他成员在第二天统统被逮捕。无论男女老少都被处以死刑,与梁氏家族有关系的官员也被罢官。

这次之后,中央部门几乎为之一空,可见梁家势力之大。梁家被搜查出的财产数额惊人。

彻底除掉一大批外戚势力,桓帝心里踏实了许多,从此算是高枕无忧,真正掌握了皇权。

这次政治行动中,五名宦官无疑是立了大功。桓帝曾允诺要厚赏他们,他并没有食言,第二天就加封他们五人王侯爵位,赋予他们朝政大权。

这五人通过一次行动就赢得荣华富贵,钱、权、地位、身份一切都有了。如果把这看作一笔生意,他们算是大赚了,按理说也应该知足。然而人的欲望就像是无底洞,没有止境,往往权力越大,野心就越大。这五名权宦利用职权,逐渐把持朝政。汉桓帝皇权再度旁落,朝廷再次陷入黑暗混乱的局面,此时比外戚专权有过之而无不及。

宦官专权源自汉桓帝的宠幸和信任,他们的行为几乎都受到皇帝的默许。新丰侯单超得病后,皇帝还特意派使臣加封他为车骑将军,表示真切慰问。第二年单超病逝,皇帝将他隆重厚葬,赐予他皇家金棺,以及陪葬的各种金银珠宝,并赠他侯将军印。发丧那天,皇帝派出五营的骑士,形成规模浩大的护棺队伍,其墓地建造装修得非常豪华气派。

老大单超死后,其余的四名王侯继续无法无天。他们专横跋扈,毫不收敛,更加肆无忌惮地鱼肉百姓。民间流传:"左回天,具独坐,徐卧虎,唐两堕。"意思是左悺权势之大如同有回天之力;具瑗娇贵无人匹敌;徐璜就像躺着的老虎,外表看似没有危险,却随时显露凶猛的面目;唐衡则随心所欲,无人可以抵挡。

这四人竞相建造高级宫邸,连私人座驾和宠物都披金戴银。他们随意挥霍,四处炫耀。这些太监因生理缺陷而终身遗憾,为了挽回面子,他们故意娶一群美女作姬妾，把她们打扮得如同仙女一般。此外，他们的家奴受到的待遇也非比寻常，每人被分配一辆"自用车"——牛车作为坐骑。为了传承他们的封地和爵位，四侯在其亲属家族里，甚至平民百姓家中大肆收养子。在各自管辖区里，其亲戚朋友被随意委任地方要职。在这群不法之徒的管理下，当地百姓不得不受剥削之苦。这群人的丑恶行径几乎跟强盗没什么两样，他们被称为国中"蠹害"。

徐璜的侄子徐宣为下邳令，向来暴虐异常。有一次，在光天化日之下他明目张胆地强抢太守之女，强奸之后并把她射死，埋在寺院里。东海相黄浮刚正不阿，将涉案之人全部逮捕归案，处以死刑。事后徐璜向桓帝哭诉，桓帝不问是非，竟然将黄浮贬官，并施以剃发之刑。此后，群臣中再也没人敢过问五侯家族的犯罪事件，宦官权势由此膨胀，无以复加。

这五侯的宗族连同其宾客，常年在百姓头上作威作福。人们再也不能忍受他们的剥削和欺凌，纷纷被逼上梁山，变成贼寇，社会秩序陷入一片混乱。

东汉王朝从此摇摇欲坠，朝不保夕。

小知识

单超在桓帝初期担任中常侍，后来帮助桓帝诛灭外戚梁冀集团。单超作为策划和行动首领，功劳最大，因此被封为新丰侯，食邑两万户，其他四人食邑均为一万户。此外，他们还都受到赏钱百万。

外戚与宦官的鹬蚌相争
——袁绍渔人得利

东汉历经两百多年,不是外戚掌权就是宦官掌权。虽然也有外戚和宦官一同掌权的时候,但两者共存祸害朝政的情况并不多见,多半是一方占据优势。

东汉皇帝多短命,加上自开国武皇帝留下独宠阴丽华的先例,以致外戚这一群体作威作福。当短命皇帝归天后,年幼的继承者尚不能执掌朝政,就需要太后为小皇帝撑腰。太后执政,她能信任的人只有自己的父亲、兄弟,权利自然落到了外戚手中。到了灵帝刘宏这一代,宦官在宫内几经起落,已经形成一方势力,此时担任上军校尉的宦官蹇硕大权在握。

公元189年四月,汉灵帝病重,能够接下皇位接力棒的候选人只有何皇后所生的刘辩与王美人所生的刘协。按照惯例,立刘辩为太子是很顺理成章的,可是刘辩举止轻佻浅薄,不受灵帝喜爱。但废嫡立庶又不合法度,这使灵帝十分为难。

皇帝苦恼,宦官为之分忧。这群全天候伺候皇帝吃喝拉撒睡的人,自然明白灵帝的心思,他们也不希望刘辩继承皇位。假如刘辩登基,按照旧例,何皇后就要以太后的名义临朝,政权自然旁落到外戚何进手中。这样一来,以蹇硕为首的宦官集团就要被打回卑躬屈膝的位置。但如果刘协登基,情况就大不相同了。刘协的母亲地位低微,要临朝没有靠山,以何进为首的外戚集团就被踢出局外,权力自然还是牢牢掌握在宦官手中。

蹇硕想到一个把何进这个绊脚石踢开的办法:既然何进是大将军,那就调他出征好了。没多久,蹇硕就以韩遂作乱为由,把何进调到前线平叛去了。没有何进在京城碍手碍脚,宦官们就可以为所欲为了。

在这生死攸关的节骨眼上,何进自然会多留心,因此他使出拖延计。他对灵帝进行了一番慷慨激昂的演说,大致意思是:国家在危急关头需要我,我定当尽忠职守,但奈何此时兵力不足,要先派人去徐州征集军队,这样才能为国效力。

灵帝心想,既然何进已经答应离开京城,那随他多待几日也无妨,因此就欣然应允了。

没想到,没多久灵帝病死了。

灵帝一死，代表着两位皇子的两方势力——外戚集团和宦官集团便水火不容。论心狠手辣，何进自然不是蹇硕的对手。

灵帝尸骨未寒，蹇硕就企图搞政变，借此杀掉何进，拥立刘协为帝。蹇硕设局请何进入宫商讨大事。但百密一疏，蹇硕手下有一个名叫潘隐的司马，此人与何进私交甚好，他偷偷向何进告了密。何进得知蹇硕的计划后，转而直奔兵营。

蹇硕没有杀成何进，而何进又兵权在握，至此，这场博弈的胜负显而易见了。

不久，刘辩登上了帝位，何皇后也顺理成章地以皇太后的身份临朝称制，此时何进无疑成了权力最高者。然而这个时候，袁绍出场了。这场兵不血刃的较量看似结束了，实际上到袁绍出场才算是较量的真正高潮的到来。

袁绍何人？前面说到何进为了拖延离京时间而派人去徐州调兵，被派出去的这个人正是袁绍。

此时袁绍回来，朝廷情势已经一派明朗。目前，何进尚未来得及策划下一步的计划，需要靠袁绍出谋划策。而袁绍的计划正是劝何进乘胜追击，将蹇硕等人一网打尽。

袁绍画像

何进当然清楚此时的蹇硕如同饿虎，对刘辩政权仍然有一定的威胁。但他不够狠毒，在诛杀宦官一事上始终犹豫不决，倾向于将宦官们赶走了事。无奈袁绍一逼再逼。于是，何进找到何太后来商量此事。

谁知，隔墙有耳。

何进与何太后的谈话哪里能瞒过这些在深宫中无孔不入的宦官？蹇硕等人一听，原来何进不是想将我们赶回家，而是要血洗内宫。俗话说狗急跳墙，何况是这些站在悬崖边上的宦官。

就这样，一时心软的何进最终成了牺牲品。

何进一死，举朝官员都吓呆了。但袁绍并不手软，他立即派弟弟袁术遣兵进京，一路杀进内宫。只要是宦官，无论老少，一律格杀勿论。

宦官的额头上并没贴着字，想准确辨认出来不是那么容易，最后大家想出了一

117

个办法:只要是没长胡子的男人,一见到就杀掉。这次血洗皇宫,杀了两千多人,连一些没留胡子的内宫官员,也被当成太监杀了。

经此血洗,外戚集团和宦官集团基本上都瓦解了。何进死后,何太后所能依靠的只有袁绍了。

这件事直接奠定了袁绍日后的地位。可以说袁绍是坐收渔利了。

小知识

魏书云:"绍,逢之庶子,出后伯父成。"而关于袁绍的身世则要从《袁术传》中得知:"袁绍从弟也,同父而异母。"由此可见,袁逢是袁绍的父亲是铁一般的事实。而为何没有关于袁绍生母的记载,以及他为何又成了其伯父袁成的儿子,这只可能说明袁绍是袁逢的私生子。

"和平期"的到来
——汉灵帝的荒唐剧

《出师表》中有这样一段话:"亲贤臣,远小人,此先汉所以兴隆也;亲小人,远贤臣,此后汉所以倾颓也。先帝在时,每与臣论及此事,未尝不叹息痛恨桓灵也。"

那么问题来了,究竟桓、灵二帝做了什么事让刘备生前如此叹息痛恨?

桓帝时期,梁冀把握朝政,横行霸道。而轮到灵帝执政,他却直接把权力丢给宦官,自己则沉溺玩乐,这就引发了日后的"党锢之祸"。

不过,在灵帝看来,他是不需要为朝政操心的,因为在他统治时期,朝廷内外出现了一派"和睦"的情景。这当然不是因为灵帝统治有方,更不是无人作乱。这一"和睦"情景的出现,要"归功"于宦官集团。

灵帝喜欢钱,于是公开卖官;灵帝喜欢女人,便建立裸游馆;灵帝喜欢玩扮家家酒,就在皇宫当小贩。无论灵帝的行为多么荒唐,宦官们都积极地支持他、回应他,以博得灵帝的好感。

有了灵帝撑腰,宦官在朝廷里为所欲为。

以王甫为首的宦官们做的第一件缺德事是策划了一场"谋反案",在这场"谋反案"中倒霉的是渤海王刘悝。王甫不是没事找事,而是因为他和刘悝有过节。

王甫和刘悝的过节,要从刘悝被桓帝撤掉"渤海王"的封位说起。刘悝应该是犯了什么错,惹得自己封位不保。这时,刘悝想到一个可以帮助自己的人,此人正是王甫。时值王甫得宠,有王甫在桓帝身边替自己说好话,刘悝很快就恢复了"渤海王"的封号。可是,王甫和刘悝非亲非故,既然帮了刘悝,他一定要得到好处的,这就得说到刘悝事前承诺的五千万两。刘悝做回了渤海王,却拿不出说好的酬金,王甫当然不能忍下这口气,就想办法报复刘悝。

结果王甫的报复过了头,他以刘悝与中常侍郑飒勾结造反为由,直接将两人都消灭了。可怜的郑飒无辜被牵连,到死也不明白自己哪里得罪了王甫。

刘悝事件之后,王甫因举报有功加官晋爵,变得更加嚣张,本来不敢说话的朝廷官员也变得更加沉默。而那些被视为"党人"的士人学子在"党锢"的残暴统治下大气不敢出。等到灵帝终于想起来还得上早朝时,发现官员的秩序竟然是前所未有的和谐。不仅规规矩矩没人议论说话，而且在他提出荒唐意见时，还能听到一致赞同的声音。灵帝哪里知道，这一切的"和平"是来自宦官对"党人"们每时每刻的监视。

难得的"和平时代"既然到了，灵帝更可以放心地玩了。此时，灵帝已经无可救药，王甫也越来越坏，坏到肆无忌惮、无法无天的地步。

王甫怎么个肆无忌惮、无法无天？

以杀人取乐！

灵帝已经荒淫到没有底线的地步，因此没人能管束王甫的行为。大家只有继续维持着这种"和平"，继续忍受下去。

最差劲的计策
——何进死，天下乱

一人得道，鸡犬升天。这句话用来形容东汉的外戚家族最恰当不过了。到了汉灵帝这一代，何皇后成了何氏家族的希望。

何皇后有一个同父异母的哥哥，名为何进。在何皇后受宠时，这个何进也因此获得了不少好处，对他来说最大的利益便是被封为大将军。

何进的升职史，正是何皇后的受宠史。

何皇后从贵人升为皇后，何进也从郎中升为虎贲中郎将，再升为颍川太守，接着拜为侍中、河南尹。

公元184年黄巾之乱爆发，何进从地方官一跃成为兵权在握的大将军。虽然何进一路高升是靠着妹妹何皇后的关系，但领兵镇压暴乱这种事无法靠关系，他得真枪实弹和黄巾暴民血拼到底。在这次保卫京师、镇压暴动的任务中，何进不负厚望地拿了满分。

此后，何进的事业进入了巅峰期，连同何氏一族都进入黄金期。

公元187年，荥阳出现暴动，数千暴民不但把官署烧了，还把政府派去的地方官员给杀了。这不是公然反抗朝廷吗！汉灵帝得知此事后，立刻派何进的弟弟何苗镇压匪贼。试想，数千个暴民没有充分的物资，没有优良的装备，除了能够在地方造个反，还能有多大的威力。这群人在正规军面前简直是以卵击石。所以说，何苗领了这个任务，无疑是捧了宝箱，只等着拿到匪贼首级这把钥匙，就可以开启宝箱，过富足幸福的生活了。

当何苗带着胜利的消息回到京师时，汉灵帝亲自帮何苗从"宝箱"里拿出宝物：将他封为车骑将军与济阳侯。

何进、何苗此时都已经羽翼丰满，何皇后的位置也很稳定，何氏一族过得称心如意。

这时，汉灵帝去世了。

汉灵帝一死，朝廷就要考虑立皇帝的问题。然而不是只有何氏有发言权，同样有势力的还包括汉灵帝生前宠爱的宦官集团。

不过，何进还是占据优势，毕竟兵权在他手里，妹妹又是太后，所以最后还是外戚暂时获胜。

此时已经要改口叫何皇后为何太后了。但是宦官们对这一结果并不满意，这成为何进可能倒台的一大隐忧。于是，何进想将宦官彻底打败，只有这样自己才能高枕无忧。

何进想铲除宦官集团，宦官们同样也容忍不了何进的存在。而可悲的是，何进没想到自己竟然被妹妹何太后间接害死了。

何进死前，为了对付宦官，想了一个计策：命董卓进入首都。这是个最差劲的计策，等于是为了驱赶豺狼而引来虎豹。

董卓原来在西北当一个边防军司令，汉灵帝死后，他带着重兵进入洛阳。董卓脑袋不笨，可惜眼光短浅，自以为大权在握，便飞扬跋扈起来。面对皇帝，他连个做人臣的样子都不装，看小皇帝不顺眼，一声令下就给废了，重新选拔刘协当皇帝。

献帝刘协是一个9岁的小孩子，当然做不成什么事，只能听任董卓摆布。董卓出入皇宫，肆意凌辱嫔妃，就连皇帝的龙床他也随便睡在上面。他出门游玩，看到老百姓在市集上做买卖，就下令杀死所有的男人，抢夺女人和财物，分发给部下将士。如此张狂的举动，引起了天下人的不满，袁绍、曹操、孙坚、刘备等人，纷纷举起了讨伐董卓的大旗，并建立了由十八路诸侯参与的联盟军，由袁绍出任总指挥。

董卓招架不住，就听信手下的话，把首都从洛阳迁到了长安。临走的时候，他下令一把火烧毁了洛阳的皇宫。

董卓的到来，将东汉王朝带入了动乱当中，使东汉离灭亡又近了一步。在董卓死了以后，无人把持的东汉王朝彻底沦为刀俎上的鱼肉，此后各路军阀都垂涎皇位。

第四章
天下乱世，群雄割据

兄弟的背叛
——隗嚣的致命败局

王莽篡汉以后，各地起义军并起，隗嚣也趁此时在天水揭竿而起。当刘秀建立东汉政权时，隗嚣已经割据一方，称王复汉了。在当时受正统思想的影响，隗嚣虽有能力称王，却无法笼络人心。隗嚣毕竟没有刘姓，他的复汉大旗显得很没有说服力。汉朝遗留下来的忠诚，令隗嚣的王位名不正言不顺，这让他非常不开心。

公元23年，刘玄被绿林军立为皇帝，号为更始。不久，隗嚣归附了刘玄，总算在乱世找到了靠山。

然而，隗嚣很快便认识到刘玄不过是绿林军的傀儡皇帝而已，真正的汉室政权还没有光复。此时，刘秀也自立为帝。于是，隗嚣把最后的机会押在刘秀身上，他准备挟持刘玄归顺刘秀所建立的东汉。

然而事与愿违，这个计划最后以失败告终，并且让隗嚣踏上了逃亡之路。

隗嚣回到天水故里后，重新整饬军队，收拢人才。以隗嚣的才华要东山再起其实很容易，而这时来了一个人，这个人虽然帮助了隗嚣，但是最后也令他饮恨长逝。他就是后来为东汉王朝立下赫赫战功的伏波将军——马援。

马援前来投靠，隗嚣自是欢喜，毕竟此人是难得之才。于是隗嚣将马援封为绥德将军，此后无论大小事情都会找马援商讨对策。

隗嚣虽有自己的势力，但是他并没有强烈的称霸野心，他考虑在刘秀和公孙述两个阵营间选择一个依靠。在犹豫不定的时候，隗嚣想到了马援，便派马援去两个阵营考察。

其实，在刘秀和公孙述之间，隗嚣还是偏向公孙述，毕竟是同乡，感情上要更为亲近。而当马援赶到成都时，公孙述并没有对他热情接待，反而摆着皇帝架子。马援回去以后，对隗嚣说："公孙述

王莽画像

124

妄自尊大,不如再到洛阳刘秀那里看看。"

要知道,此时隗嚣可是把马援当作自己的亲兄弟。马援如此说,隗嚣自然深信不疑。

公元28年,马援带着隗嚣的信去洛阳见刘秀。马援见到刘秀以后,忘记了自己的使命,反而深深折服在刘秀恢宏的气度下。在几日的接触后,马援已经对刘秀萌生了效命之心。

马援回到隗嚣处后,立即向隗嚣赞美刘秀的雄才大略。隗嚣也相信马援的眼光,决定归附刘秀,还将自己的长子隗恂派去洛阳作人质,并且命马援带着亲眷随隗恂一起先到洛阳,以示诚意。

本来一切都朝着好的方向发展,但是这时跑出来一个叫王元的将领挑拨离间。王元先吹捧隗嚣如何英勇,接着又劝隗嚣自封为王。这次马援不在隗嚣身边,他失去了可倚重的人,竟然两边观望。当刘秀派人向隗嚣询问征讨公孙述的意见时,隗嚣十分冷淡,只希望从中取利。

隗嚣的态度渐渐引起了马援的不满。当马援写信劝谏隗嚣时,得到的答案再也不像从前那般亲厚。至此,兄弟二人开始走向了决裂的道路。

经过几番思量,马援决心上书刘秀表达自己效力之心。但这种忠诚需要证明,而最好的证明则是马援与隗嚣划清界限,帮助刘秀消灭隗嚣的割据势力。

兄弟的背叛,往往是最致命的,毕竟彼此早已看透对方的弱点。

刘秀天性仁厚,不想对隗嚣赶尽杀绝。但隗嚣坐不住了,竟然率着五路大军进攻洛阳。这下子刘秀怒了,当即决定亲自领兵讨伐隗嚣。马援自知刘秀和隗嚣之间的战争已经无可避免,而此刻他必须做出决定割舍一方。在个人命运的选择面前,马援最后选择了前途。

当刘秀询问马援有什么计策时,马援回答:"隗嚣的将领早已分崩离析,大可趁机进攻,必然大胜。"果然,隗嚣在刘秀猛烈的进攻下不堪抵挡,没过多久便溃败了。

隗嚣最后因疾病和饥饿的折磨,饮恨而死。

忍不了的委屈
——彭宠自立为王

彭宠和刘秀是南阳郡的同乡,在刘秀寄人篱下的日子里,彭宠曾经帮助过他。

刘秀称帝,邓禹做了大司徒,王梁当了大司空,而大司马则由吴汉担任。三公之职,位高权重,这让身为皇帝的同乡,并且在刘秀刚一举兵时就赶来支援的彭宠心里感到不平衡。先不论和刘秀的人情,单是想到王梁和吴汉曾经都是自己的部下,彭宠就很不高兴了。

彭宠官场失意,他无论找什么办法都补救不回来。毕竟在那个年代,彭宠等人拼死卖命,满脑子都是建功立业,可是拼了大半辈子,到论功行赏的时候自己却什么都没有得到,这种事不论是谁遇到都很难开心起来。

那时候,群雄争霸,谁也不肯承认自己比别人差。如果出现失衡,只能说问题出在刘秀身上。

这样想来,彭宠的失落感再也抑制不住了。于是,他像深闺怨妇一样跑去和刘秀抱怨:"王梁和吴汉既然都有资格列为三公,我是不是应该封王才对?难道陛下把我忘记了吗?"

可是刘秀呢?他对彭宠的抱怨充耳不闻,反而将彭宠派去管理北方诸郡,还将朱浮任命为幽州牧。这意味着刘秀不仅不给彭宠封王,还要派一个不喜欢彭宠的上司来管他。彭宠虽然不满意刘秀的安排,但还是领命了,毕竟此时的刘秀已为天子。可是彭宠的委屈并未因天子的威严而化解。

其实,刘秀派彭宠管理北方诸郡是因为欣赏彭宠的才干。连年的战乱,北方诸郡都凋敝不堪,唯有彭宠曾经管理的渔阳郡繁荣昌盛,俨然成为一方乐土。而彭宠不了解刘秀的心思,他心里只有委屈,对于刘秀的安排更是觉得不痛快。当彭宠面对朱浮没事找事的时候,就更为郁闷了。

彭宠不甘人下,朱浮好胜心强,两人完全互不相让。

朱浮不喜欢彭宠,在对待彭宠的态度上显得不是那么磊落。随着两人的矛盾日渐白热化,朱浮开始打小报告。但彭宠对朝廷忠心耿耿,为人也正派,该拿什么向刘秀告状呢?于是,朱浮开始编造彭宠囤积财宝、秘结军队的坏话,即暗示刘秀彭宠要造反。

刘秀毕竟是和彭宠一路走过来的,对于此事,刘秀心里自然有数。彭宠不是一直对刘秀不提拔自己感到郁闷和不满吗?刘秀便想借着这件事来压制彭宠。

就这样,朱浮的小报告传到了彭宠的耳朵里。

彭宠得知朱浮污蔑自己造反的消息后,心里很不好过,而刘秀竟然选择默不作声,还把这消息传给自己,这不就是一个警告吗?此时,正好赶上刘秀召见自己,满腹委屈的彭宠便上书刘秀,要与朱浮一同进京,两人当面对质。

刘秀既然已经使出小伎俩,自然不能还彭宠"清白"。这下好了,被扣上一个要举兵谋反的帽子,刘秀又不同意朱浮和他一同进京,彭宠思来想去,在这个节骨眼上刘秀要他进京不会是想杀了自己吧?

彭宠正担心地想着这个问题,他的妻子得知情况以后,直接带着彭宠走上了一条不归路。彭宠的妻子劝道:"渔阳郡乃是大郡,我们何必因为一道奏折就离开呢?何不在此割据,以后再也不用受别人的摆布。"

彭宠憋了一肚子的委屈,此时正好有人来帮自己释放。他听了妻子的一席话,立即召集自己的亲信,对大家宣布说:"如今人为刀俎,我为鱼肉,不能不反了。"他的亲信们也纷纷应和,就这样,彭宠最后宣布独立,自立为王了。

> **小知识**
>
> 彭宠的夫人十分迷信。有一次她连续做了几个怪异的梦,便找来几个江湖术士为自己解梦,没想到这些人全都说这是要发生内乱的征兆。彭宠得知后,对此很避讳,便把一些怀疑的人调往外地。但还是没能避免内乱发生,最可悲的是,内乱的策划者竟然是彭宠的几个奴仆。而彭宠这个在刘秀眼中最危险的敌人最后死在了奴仆之手。

没了粮食丢了兵
——刘永部将造反

根据西汉皇室的亲疏远近,刘永是西汉梁孝王刘武的第八代孙,这要比刘秀这个皇室远支近得多。

刘永的父亲刘立生前与外戚卫氏家族相交密切,因此被王莽当作政敌杀死了,甚至刘永继承爵位的资格也被剥夺了。

刘永的时代已经不再是西汉,而西汉的皇亲国戚也早因王莽的统治变得脆弱不堪。公元 25 年,更始帝刘玄败亡,同年十一月,刘永效仿称帝。

刘秀和刘永两个汉室子孙各在一方称帝。一山不容二虎,一个天下当然也容不下两个君王。因此,刘秀和刘永开始了长期的交战,不仅要在战场上一决胜负,还要在出身上表明自己是汉朝正统。

公元 26 年,刘秀对刘永展开了全面进攻。他命虎牙大将军盖延担任主将,驸马都尉马武、骑都尉刘隆、护军都尉马成、偏将军王霸四人作为副将,率领数万大军向刘永割据的睢阳展开进攻。

刘秀的军队分为东西两路,这些武将勇猛善战,刘永几乎被打得毫无还手之力。虽然吃了败仗,但刘永还不认输,他带领残兵败将躲到了睢阳城。他想:反正城池坚固,易守难攻,我就躲在里面不出去,刘秀也拿我没有办法。这算盘打得虽好,但刘秀的军队并不是好惹的:既然你闭门不出,那么我就把你的睢阳城紧紧地围困起来。

围城之计好不好还不知道,不过此时领兵的盖延已经没有时间来考虑这个问题了。因为随他出征的讨难将军苏茂突然举兵反叛,并迅速将广乐据为己有,还以此为筹码向刘永称臣示好。

刘永已经是困兽之斗,这个时候不仅没众叛亲离反而还有人率军奉城来投诚,他一高兴当即封了个大司马给苏茂。不仅如此,还封苏茂为睢阳王。

苏茂的投诚意外地激发了刘永的士气。士气一高,盖延的围攻便吃力起来,一连几个月都没有攻下睢阳。

无奈之下,盖延只能按兵不动寻找时机。一直等到八月,刘秀的军队才抓到机

会,他们趁夜爬上城墙,攻进了城内。此时刘永睡得正酣,突然听到外面杀声四起,慌忙从床上爬起来,召集部下保护自己和家人从城东门逃跑。

因事发紧急,刘永丢下了在睢阳城的军队。他逃到虞县避难时,跟随他的部下和士兵不过数百人。

刘永弃军出逃,夺取睢阳城对盖延而言无疑是探囊取物。没有了睢阳城的庇护,剩下的彭城、扶阳、杼秋、萧县主帅都望风而降。既然刘永已经回天乏术,其他城郡自然第一时间向盖延举白旗。

虞县的人惧怕刘秀大军,但此时刘永在这里避难,他们进也不是退也不是。

最后,虞县的将领决定索性一不做二不休,杀了刘永,然后向刘秀投降,说不定还能因此立功封爵。

刘永部下的叛变就这样毫无防备地发生了,失去军队的刘永不仅没有反抗的机会,甚至连自己的母亲和妻儿都无法保全。虽然刘永侥幸逃脱,但命运已定,此时的他早已失去了汉室子孙的尊严。当刘永重新回到睢阳城时,尽管举城百姓迎接自己,但刘秀的军队越战越勇,早已将睢阳围困得断绝了粮食。没有了粮食,刘永只能突围,而这次离开睢阳,他再也没有机会回去了。

突围的路上,部将再次发生叛乱,刘永丧命在部将庆吾手中。庆吾因剿灭刘永有功,被刘秀封为列侯。

小知识

刘永虽死,但他的儿子刘纡并没有放弃父亲的事业。在刘永旧将苏茂、周建等人的支持下,刘纡自立为梁王,继续对抗刘秀。

要不得的野心
——张步东山再起

彭宠自立为王，张步高兴极了。趁着刘秀把兵力集中在北线战场攻打彭宠之际，张步将原来的七个郡扩张到十二个郡，成为名副其实的齐王。这可比当初刘永分封给他的名义上的齐王称号更有威慑力。

俗话说，人切莫不知足，野心达到难以满足的地步，结果只会自取灭亡。

张步曾经在刘永分封给他的地盘上当着地头王，但是看到彭宠作乱的良机，他便试图借此机会东山再起。

也许张步估计以彭宠的实力足以对抗刘秀一阵子，即使最后输了，他们也是两败俱伤，到时候他便可以趁机渔翁得利。其实，以彭宠的实力，张步这个设想并不是异想天开，但现实却令他大跌眼镜，就连刘秀也大感意外。彭宠竟然被自己的奴仆给杀死了，这简直是帮了刘秀一个大忙。要知道，当时东汉政权刚刚建立，仍有很多割据政权虎视眈眈地窥视着刘秀的宝座和地盘。

刚刚东山再起之际，野心膨胀的张步本来以为找到了彭宠这个可靠的盟友，中间彭宠坐镇，自己守在南边，北边结好匈奴，这个反汉联盟简直是最强铁三角。

当张步坐拥十二个郡时，前方战场传来的尽是刘秀与彭宠交战的消息，他的美妙心情不言而喻。张步相信彭宠的实力，他从不怀疑自己的决定是错的。当看到刘秀调来更多的军队应对彭宠时，张步的野心越来越膨胀。

然而彭宠死了，张步的美梦碎了一大半。所谓唇亡齿寒，不过如此。

在权势面前，张步一旦尝到了别人向自己俯首称臣的甜头后，便无法容忍自己向刘秀低头，更不能容忍失去现在的"齐王"称号和他的十二个郡。

在彭宠死后，刘秀终于能够抽出兵力来攻打张步。而张步这位野心家丝毫不想退却，他要在刘秀的东汉江山占据一席之地，因为这个地方是属于他齐王的天下。

在解决张步的问题上，虽不像彭宠那般棘手，但刘秀也不能掉以轻心，毕竟张步视死如归，谁也难以预料他会采取什么样的激烈行动。

此刻，刘秀也很烦恼，手下的云台二十八将，派谁出战最合适呢？这时，建威大将军耿弇自告奋勇前来请战。

公元 29 年,耿弇受刘秀之命率军攻打张步。两军几番交战,张步的主力军队受到了重创,士兵死伤无数。当张步听到刘秀要亲自率兵攻打自己的消息后,明白自己不是他的对手,只好连夜撤回剧县。

耿弇不给张步东山再起的机会,在张步撤退的路上,早已埋伏好军队等着他。本已落败的张步此时半路又遇上伏兵,只好投降。

被野心诱惑的张步,并没能偏安一隅,反而成就了耿弇。耿弇在这场战役中,留下了赫赫威名。

小知识

公元 29 年,刘秀派大将耿弇讨伐张步,张步兵败投降。到了公元 32 年,在刘秀西征隗嚣之时,张步的野心又一次燃起,他重新集结旧部,试图谋反,而这一次张步没那么好运,被琅琊太守陈俊捕杀。

占了皇室血统的便宜
——卢芳继承宗庙

说到卢芳的血缘，有一段很长的旧事需要了解，那就是汉武帝时期的"巫蛊之祸"。

当时年迈的汉武帝身边有个叫江充的人，深受武帝的宠信，而江充和戾太子刘据有点过节。于是，江充欺骗武帝说："皇宫中大有蛊气，不除之，一旦得病会始终无法痊愈。"武帝一听，赶忙委派江充调查蛊气来源。江充早已准备好木人偶，只差一个人证就可以名正言顺地将蛊气一事嫁祸给太子。戾太子刘据和他的姐妹连同宫人就这样不明不白地蒙冤，成了武帝口中的"狼狈为奸"。皇帝在衰老时面对权力转移问题最易疑心，何况"巫蛊"一向是宫中禁忌，年老的武帝想到自己权力不保，竟然没有仔细调查就将自己的亲生儿子刘据逮捕下狱。

武帝此时和卫皇后的感情早已不像年轻时那般深切，新欢胜旧爱。江充上书，加上武帝此时宠爱的钩弋夫人吹着枕边风，武帝的判断显然有失误，甚至连父子之情都不顾虑。

面对江充的污蔑，刘据的恼怒可想而知，他当然不能忍下这口气。于是刘据发兵诛杀江充。在刘据举兵之时，江充的党羽已逃往甘泉宫报告皇帝，说太子刘据已起兵造反。

这个小报告直接导致武帝和戾太子父子两人兵戎相见。两军在长安混战五日，死伤数余万人，一时间长安城内人心惶惶。最后，兵败的刘据走投无路，只能在长安东边的湖县泉鸠里悬梁自尽。刘据的生母卫子夫皇后在这场动乱里因难以忍受丈夫和儿子互相残杀，也自尽宫中。

汉武帝的故事到此为止，那么，卢芳究竟和这个事件有什么关系呢？这就要继续从"巫蛊之祸"后来的传说开始讲起。

安定一带的百姓传言，卫皇后有三个儿子，大儿子刘据兵败自杀，二儿子刘次卿逃到了长陵，小儿子刘回卿逃到了左谷。后来霍光大将军将刘次卿立为皇帝，又跑去迎接刘回卿。而刘回卿对朝廷早已死心，不想离开左谷，就长期居住在这里，生下了儿子刘孙卿，刘孙卿又生下儿子刘文伯。至此，卢芳的身世终于水落石出了，他正是刘文伯。按照辈分论起来，卢芳是汉武帝的亲曾孙，他的曾祖母是卫皇后。

虽然关于"巫蛊之祸"后来的传说都是卢芳自己编的,但是当时安定离长安较远,消息很闭塞。何况皇家之事,即使处于皇城边上的百姓能够清楚知道的也不过是十之一二,何况是偏远的安定呢?所以,卢芳的故事对于安定一带的百姓来说颇为受用。

卢芳为自己编了一个好故事,这个故事让他拥有了好血统。等到公元25年,更始帝刘玄被赤眉军杀害,没有汉室子弟坐镇,安定一带的政权仿佛也不成立了,所以当地豪杰们就想到了这位汉武帝的曾孙,也就是卢芳。在一番商议后,卢芳被拥立为西平王。

卢芳原本只是编故事糊弄百姓,制造噱头,没想到竟然捡了大便宜,因为自己的"血统"被推上了王位。卢芳继位以后,想到不能白当这个西平王,就派使者到西羌、匈奴建立和亲关系。

没想到卢芳的身世竟然连匈奴单于也认可,他们还激动地对使者说:"匈奴本来与汉朝互约为兄弟,现在刘氏宗族前来归附于我,应当拥立他,让他尊奉我。"于是,卢芳在随时可能没命的乱世找到了匈奴作靠山。当卢芳得知匈奴单于同意继续让他为王,他便高兴地带着他的哥哥卢禽、弟弟卢程来到匈奴之地,而匈奴单于也没有辜负卢芳的期望,将其立为皇帝。

小知识

公元40年,卢芳派遣使者投降东汉,光武帝刘秀将他立为代王。但是很快,卢芳便背叛了东汉。数月之后,匈奴派数百骑兵迎接卢芳及其妻儿入匈奴。在东汉无法继续存留的卢芳在匈奴居住了十余年后病逝。

用全家性命来赌气
——公孙瓒兵败自焚

东汉时期出现了很多英雄,公孙瓒算是其中比较特别的一个人。也许是因为他早年经历坎坷,所以他虽生在富贵人家,却并不养尊处优。不过,更值得一提的是公孙瓒征战沙场的事迹。

公元178年,公孙瓒奉朝廷之命率领三千骑兵平定塞外叛乱,此战不仅以公孙瓒大获全胜告终,更为他带来了无限声誉,用名扬四海来形容并不为过。到了黄巾起义时,公孙瓒更以步骑两万人在东光南大破青州黄巾,斩首三万余。至此,公孙瓒威名大震。

由此可见,公孙瓒的前半生还是很顺利的。但是,到了公元195年,公孙瓒从事业辉煌期进入了低谷期,基本上是逢战必败。

刘虞原本是公孙瓒的手下败将,公元195年,他的下属们突然集结部队要为刘虞报仇。当时在刘虞这群旧部下里有一个叫阎柔的人,他与燕国有很深的交情。靠着这份交情,阎柔与其他将领很快就壮大了队伍,准备好和公孙瓒决一死战。

这次复仇之战以公孙瓒大败告终。这次失败对公孙瓒来说很致命,当两军在潞河之北决战时,公孙瓒的副手渔阳太守邹丹在此被斩首。随后,刘虞之子刘和与袁绍结盟,率领着十万精兵攻打公孙瓒。鲍丘一役,刘和军队斩首公孙瓒军队二万余人。

公孙瓒的好运似乎已经用尽了,两次失败后,公孙瓒的战斗人生彻底跌到了谷底。

起初,公孙瓒还很不服输,想要逆转自己的败局,但在屡战屡败之后,元气大伤的公孙瓒只好退到易京坚守。

被战争接连挫败的公孙瓒此时已经失去了判断力,整天只想着一件事,就是如何自保。退守易京的日子对公孙瓒来说并不好过,他一边屯田准备粮草,一边忙着在易河边挖战壕。光挖战壕还不够,还得在战壕内堆起高达五六丈的土丘,然后在丘上建筑营垒。建造好这一切,公孙瓒守在居中位置,又命人建了铁门,整天与妻妾厮守在此。

这些仍然不能让公孙瓒放心，他把自己关在铁门内，命令所有人远离自己，只有7岁以下的男孩才可以进入，还要求家眷联系时大声讲话，这样方便他传达命令。当时跟随公孙瓒的亲信和将领们看到他的这些举动，都认为他被失败逼疯了，渐渐地对他失去了信心，也渐渐远离了他。

　　就这样，一代名将彻底颓废了。

　　直到公元198年，公孙瓒的人生才出现转机，但他没有把握住。这年，袁绍为了招揽人才想要和公孙瓒和解。谁知公孙瓒不仅撕毁了袁绍的书信，还增强守备。

　　这件事在袁绍看来无疑是公孙瓒对自己的挑衅，袁绍便再次兴兵攻打公孙瓒。不过，袁绍并没有急着立刻进攻公孙瓒，而是先攻打公孙瓒的副将。

　　当公孙瓒得知副将被围的消息后，竟然任性赌气地说："现在救他一个人，以后只会有更多的人要依赖救兵，这样就没人奋力作战了。"

　　时隔不久，公孙瓒被袁绍围困在城内。这时，他突然想到可以向黄巾军求救，便派自己的儿子公孙续前往黑山黄巾军的驻地求救。

　　可是这时候的公孙瓒早已众叛亲离，哪里还有人会在乎他的死活。救兵搬不来，公孙瓒只好突围。

　　袁绍在得知公孙瓒搬救兵一事后，索性来个将计就计，让公孙瓒误以为救兵到了，等到公孙瓒率兵出城的时候，袁绍的伏兵将公孙瓒一举打败。

　　退回易城的公孙瓒自知已经到了绝路，他将自己的妻儿全都杀掉后，放一把火把自己烧死了。

小知识

　　蔡东藩："公孙瓒之致死，其失与袁术相同。术死于侈，瓒亦未尝不由侈而死。观其建筑层楼，重门固守，妇女传宣，将士解散，彼且诩诩然自夸得计。一则曰吾有积谷三百万斛，食尽此谷，再觇时变。再则曰当今四方虎争，无一能坐吾城下。谁知绍兵骤至，全城被围，鼓角鸣于地中，柱火焚于楼下，有欲免一死而不可得者，较诸袁术之结局，其惨尤甚！"

斗气不是好兄弟
——刘虞恩怨难了

刘虞和公孙瓒共侍一主,本应团结一致,但这两人偏要赌气。

刘虞和公孙瓒的矛盾要从公孙瓒奉命征讨乌桓说起。公孙瓒行军作战的风格素来刚勇,只要自己部队强大,不顾别人死活。这就使公孙瓒的军队经常扰民伤民;而刘虞的风格与公孙瓒截然不同,他敬民、爱民,注重施行仁政。

可想而知,处在仁暴两端的二人想要和谐相处必然是一件很难的事情。

然而刘虞与公孙瓒的不和不只限于相互憎恶,在矛盾日渐白热化的情况下,二人发展到兵戎相见。

当时,公孙瓒除了刘虞这个死对头外,还有袁绍与他作对。在公孙瓒和袁绍之间,刘虞是调停人。但公孙瓒本来就不喜欢刘虞,哪里听得进他的劝告。几番劝阻无效后,刘虞只好对公孙瓒做出中断粮草供给的决定,这下可彻底激怒了公孙瓒。发怒的公孙瓒像一匹不受控制的野马。公孙瓒的官职低于刘虞,理应听从刘虞的指挥和调度,但公孙瓒偏不听。公孙瓒失控后,对百姓的侵扰越加肆无忌惮。这时刘虞对公孙瓒还是苦口婆心地劝导,但是他很快就明白了这种方法的错误性。于是,刘虞只好上书朝廷,陈述公孙瓒掠夺百姓的罪状,希望找到合适的人出面制止公孙瓒的行为。谁知公孙瓒也不甘示弱,既然刘虞能够上书朝廷打小报告,公孙瓒便也写了封奏折,状告刘虞克扣军粮。

两个朝廷官员这时候已经忘了国家使命,完全因个人情绪整天忙着写奏折状告对方。公孙瓒在蓟城东南方修筑起了一座小城,率军驻守其中。刘虞得知以后,试着请公孙瓒参加会议,而公孙瓒称病不来。

刘虞考虑到公孙瓒桀骜不驯,担心他最后会叛乱,便率领部下十万大军,直奔公孙瓒的驻地。

公孙瓒尚未做好与刘虞交战的准备,面对刘虞来势凶猛的大军,他只能在仓促间弃城逃跑。

虽然刘虞暂时占了优势,但是他的军队并不强。一方面是因为平日刘虞疏忽对士兵的训练,军队战斗力不强;另一方面刘虞告诫士兵除了公孙瓒以外,不可以伤害任何一个人，这让士兵畏首畏尾。

公孙瓒打起仗来不管太多，他率领几百名勇士攻进城内，一路纵火，直接突围刘虞军队内部。这下刘虞的军队乱了套。在公孙瓒不顾一切地猛冲猛打下，刘虞很快就败下阵来。在两军交战的第三天，公孙瓒将刘虞和他的妻儿抓到了自己的守城蓟城内。

就在这个时候，不知情的朝廷下达了一个诏书：增加刘虞的封邑，让他总督六州的事务；任命公孙瓒为前将军，封为易侯。

这个机会被公孙瓒抓到了，他直接向朝廷告状刘虞曾与袁绍等人密谋要当皇帝，然后逼迫段训在蓟城的闹市处死刘虞及其妻儿。

在刘虞的头颅被送往京城的路上，刘虞的旧部下事先埋伏在半路，截下了刘虞的头颅，将其送回故乡安葬。

刘虞和公孙瓒这场矛盾虽然以刘虞被杀告终，但此后两人的恩怨延续得更久。直到公孙瓒日后被刘虞的部下杀死，才算是真正了结了这两人的恩怨。

> **小知识**
>
> 刘虞生前以简朴著称，虽然高官厚禄，但是帽子旧了也不换，打上补丁继续戴。在刘虞遇害之后，公孙瓒派兵搜他的家时，却发现他的妻妾都穿着很华美的服饰。这件事传出去以后，有人怀疑刘虞在作秀，但是更多的人认为这只不过是公孙瓒对刘虞的污蔑。

把握不住的机遇
——刘表难有作为

刘表年轻的时候受过很好的教育，在太学生运动中，他位列"八俊"。不过，刘表在政治上没有作为。成功往往是留给善于把握机会的人，细究刘表的一生，他并不是没有机会成功，只是每一次机会来临时他都选择了放弃。最后，刘表连自己的荆州都无法保存。

刘表早年时还是比较有作为的，不然也不会被朝廷加封为镇安将军、荆州牧，封为成武侯。刘表也没有辜负朝廷的恩惠，他统治的荆州八郡，与中原各地的战乱不休相比，该地区完全可以用"世外桃源"来形容。就连诸葛亮在出山之前，也选择居住在荆州躬耕自娱。

公元198年，长沙、零陵、桂阳三郡叛乱，刘表出色地平定了叛乱，还扩大了疆土。战乱之后，刘表采取招抚之策，广纳良臣学者，甚至对豪强匪贼也予以任用的机会。一时间，荆州地区呈现出一派蓬勃之象，各地贤才纷纷来此投靠。

同年，袁绍与曹操在官渡交战。虽然事前刘表曾向袁绍许诺会助其一臂之力，但是战争到了白热化阶段，刘表为了自保，反而按兵不动。当曹操来信也希望刘表相助时，他同样选择坐视不理。

当时刘表的下属们纷纷劝他："将军若要在乱世有所作为，应该趁天下方乱起事，不然也应当选择一方豪杰相辅。现在您拥有十万大军，却只是观望天下变化，最后只会惹得袁、曹两方都不满意，反而会陷自己于危难。"

刘表听到这一番话，虽然也仔细品味了个中道理，但他始终不能下定决心要出兵帮助哪一方。他又担心下属判断失误，就派韩嵩去许都面见曹操，了解一下虚实。

韩嵩从许都回来以后，十分坚定地表明曹操是一个值得辅助的明主，不仅威德并存，还有军事素养，他劝刘表将自己的儿子送去作人质，以表自己效忠的决心。但刘表心里又犯嘀咕了，韩嵩对曹操如此赞扬，真的就可信吗？也许韩嵩是曹操的追随者呢。于是，刘表招来跟随韩嵩同去的随从，虽然最后刘表相信了韩嵩所说是肺腑之言，但还是放弃了这次追随曹操的机会。

在第一次机会面前，刘表不能把握天下形势而错过还情有可原，但是到了公元201年，刘备前来投靠刘表之时，刘表只是以亲戚关系加以礼待，而并不重用，这就说不过去了。

随后，曹操开始征战柳州，刘备趁此机会强烈建议刘表出兵袭击许都。但刘表又迟疑了，一直到曹操吹着胜利的号角率军回到许都，刘表才对刘备感叹："不听你的劝告，失去了这次难得的机会啊！"刘备寄人篱下要依靠刘表当然不能多说什么，只好劝慰道："如今天下刚刚分裂，机会总是会有的。如果能以此次作为经验来应对今后的情况，那么这次错失机会也没什么大不了的。"

刘备其实说得很对，而刘表即使有两次教训，他也没有分析错误以找到更好的发展之路，他对放弃机会习以为常了。面对此后的诸侯征战，刘表就这样躲在荆州保持中立态度。

虽然刘表的做法令荆州免于战火，使得当时当地出现了短期的经济、文化繁荣，但在战争年代，刘表不和别人过不去，不代表别人可以容忍刘表的存在。

公元207年，曹操稳定中原地区以后，荆州便成了曹操进攻的第一目标。面对曹操来势凶猛的大军，刘表空有十万大军却因为许久没有作战，刚熬过第二年，他就在战乱中因病去世了。

刘表死后，他的儿子们更加无力抵抗曹操的军队，只好奉城投降。

小知识

刘表统管荆州期间，曾请当地学者写了一部《荆州占星》，可见他在天文星象上还有一定的研究。这本书对后世的天文学有几百年的影响。另外，刘表的《五经章句后定》能够使学者更快地通晓经文，为日后唐朝初年学者修纂《五经正义》奠定了基础。

引狼入室
——刘璋乱世难幸存

公元212年,曹操二次率军征战孙权。此时,孙权已和刘备联姻,便向妹夫刘备寻求援助。然而正值三雄争霸的局面,刘备这回帮了孙权,说不定将来孙权会反过来和自己作对,还不如让曹操和孙权打得两败俱伤,自己还能趁此机会扩大势力。

刘备虽然是这么想,但表面上还是答应了孙权的求助。接着,刘备写信给益州刘璋,先表明自己与孙权的关系,说明自己此时的实力不够,对孙权爱莫能助,接着又说此时如果不将曹操派出的张鲁歼灭,那么张鲁攻下荆州以后,自然会将目光转向益州。

一番陈述后,刘备说正题了:他想从刘璋手里借兵和粮草。同是汉室宗亲,刘备向刘璋求助自然没有错,但是刘璋也有自己的考虑:给了刘备士兵和粮草以后,如果他不按原计划所说的救援荆州,转而用来攻打自己的益州,那岂不是自掘坟墓?

刘璋有这种考虑并不是没有道理。此时的刘备早已不是之前四处流落的小角色了。他的势力逐渐扩大,野心也越来越难以满足。面对虎视眈眈的刘备,刘璋不能不防。

刘璋虽对刘备借兵的理由持怀疑态度,但他对刘备还是不错的。虽然没有按刘备的要求借出一万人,但刘璋还是从益州军队拨出四千人及相应的粮草资助刘备。

刘备顺理成章地以攻击张鲁为幌子从刘璋的益州借出兵力和粮草。但他率兵离开益州后并没有在第一时间赶往荆州援助孙权,反而将矛头对准了益州。此时刘备安插在刘璋身边的奸细张松在和刘备互通消息时被抓了个正着,这样一来,刘备的野心昭然若揭。虽然刘璋已知刘备不可相信,但为时已晚,只好立即整饬军队准备迎战刘备。

而另一边刘备得知张松被杀的消息后,他知道攻打益州一事不能再拖了,于是正式向刘璋宣战。

一位叫郑度的官员向刘璋献计说:"刘备此时孤军,不过万人在益州,他的后续部队都被牵制在其他的战场。在没有粮草补给的情况下,不出百天他就会自己撤军。更何况他刚刚将您给他的白水军团的主帅杀掉了,这四千白水士兵不会全心全意为他作战。因此,您不如把涪城附近的百姓全部后撤,将仓库中带不走的粮草全部烧光,然后修建工事。等到刘备断粮逃跑时,我们趁机率军出征,必擒刘备。"

郑度的建议很高明,但这个计策被刘备得知了。当刘备面对郑度的计策无从应对的时候,曾经跟随刘璋的法正告诉他:"您大可放心,刘璋不会采用郑度的建议。"

事实果如法正所料,这并不是因为刘璋昏庸,而是因为刘璋爱护百姓才放弃了这个计划。虽然郑度的意见可行,但刘璋告诉大臣们:"我只听说抵抗敌人来保护百姓,从来没听说让百姓离开故土来躲避敌人的。"刘璋对百姓仁爱,面对刘备的野心只能正面交锋了。

虽然刘璋在战争初期将刘备的军师庞统杀死了,但还是没能阻止益州的将领们接连战败的噩运的发生。

公元213年,曹操撤军,原本陷在荆州的诸葛亮、张飞、赵云都腾出手来率军与刘备会师。此时,原本与刘璋作对的马超也归降了刘备。刘璋自知刘备的后续部队已抵达,自己的抵抗已如螳臂当车。

公元214年,刘备正式率军包围成都,同时派来简雍劝降刘璋。

蜀主刘备画像

当时城中仍有三万精良士兵,粮食也足够支持一年,更重要的是面对刘备的侵略,城中官员、百姓都团结一致希望抵抗到底。但是刘璋对所有人说:"我父子在益州二十多年,没有给百姓施加恩德,却打了三年战争,让许多人死在草莽野外。如果继续生灵涂炭,我怎么能够安心!"于是,刘璋下令开城门,出城投降。

最后刘备将刘璋的财物归还于他,又将刘璋迁至公安,授予振威将军之位。对于刘璋投降的做法,他的部下及百姓们只能惋惜痛哭。

东汉末年,群雄兼并,战火纷飞,对人命有怜惜者甚少。刘璋这般爱民如子实为少数,而他的结局可以说是好人有好报。

小知识

蔡东藩曾说:"刘璋暗弱,即使不迎刘备,亦未必常能守成;益州不为备有,亦必为曹操所取耳。"虽然刘璋对百姓仁慈宽厚,但在乱世想要居安在益州,并不是件容易的事。可见,刘璋的失败是必然的,也是值得惋惜的。

宁为曹公奴,不为刘备客
——张鲁择主

在曹操的团队里,有一个天师张鲁。东汉时期,流行五斗米道,而张鲁正是五斗米道祖师张陵的孙子。张鲁不仅是教主,而且是一个"军阀"。

公元191年,张鲁被任命为督义司马,与张修共同率兵攻打汉中太守苏固。在张修将苏固杀死后,张鲁来了一个"黄雀在后",他将战友张修杀掉,并把他的兵马据为己有。实力壮大的张鲁,开始在汉中过起了割据称王的日子。他文则以五斗米道作为文化思想教化百姓,武则有军队镇压地方的骚乱。这期间,在以张鲁为中心的汉中,形成了一个政教合一的割据政权。

东汉末年战乱日益严重,中原百姓四处流离。由于曹操忙着在东汉政权中把持朝柄,这在某个程度上为张鲁的汉中地区提供了短暂的和平。此时张鲁所统治的汉中地区收容了许多流民。五斗米道凭借政治力量逐渐扩大了影响,凡是来到汉中避难的百姓,都要被迫信奉五斗米道。五斗米道的信徒入道只需交五斗米。张鲁在汉中统治近30年,信徒扩大了几倍,五斗米道成为汉末一支颇有实力的割据势力。

但是好景不长。随着曹操对朝廷的掌控驾轻就熟,张鲁作威作福的日子开始显出了末日气息。好在张鲁的嗅觉比较灵敏,在曹操开始亲率十万大军平定汉中时,张鲁就已经开始盘算如何将自己的性命和富贵维持下去了。

抵抗曹操,显然是不太可能的;投降曹操,说不定能够成为曹操将来的得意手下,反倒还有希望。虽然曹操刚刚抵达阳平关,但张鲁已经决定降曹。

张鲁投降曹操一事并非一帆风顺。他在汉中当老大当得太久了,一时间要向别人低头,张鲁虽然能顾全大局,但他的弟弟张卫不明白里面的利害关系。就在张鲁准备到阳平关迎接曹操时,他的弟弟张卫早一步抵达阳平关。面对曹操的十万铁骑,张卫率领一万人马,竟然想誓死坚守阳平关。

一万对十万,张卫注定会失败。而张鲁投降被张卫这么一搅,此时想要磕头称降,效果显然要大打折扣了,毕竟曹操损失了一些兵力。

在张鲁两难之际,他的亲信阎圃献计说:"如今您被迫谒见,肯定得不到曹公的

天师张陵画像

重用,不如先到朴胡去抵抗,然后再向他献礼称臣,这样才会得到曹公的重用。"于是,张鲁便率着军队前往巴中躲避曹操。

在张鲁临走之前,他的手下点起火把想要将仓库里的物资全部焚毁,张鲁吓得赶忙阻止,说:"我已有归顺朝廷的意愿,这次是因为没能让曹公知晓才被迫离开,不过是避开锋芒,并没有别的意图,此后还是要找机会向曹公投降的。仓库里的物资和宫中的宝物,应归国家所有。"

果然,当曹操到达南郑后,得知张鲁其实早有归顺的想法,气顿时消了,看到宝物没有被焚毁更是眉开眼笑。曹操一高兴,就派人追上张鲁表示慰问。两人这么你来我往,到此为止张鲁虽然没有正式受降,但同曹操之间也算有了默契。

不过,张鲁逃亡的消息也被刘备得知了。对于张鲁,刘备心里可能一开始没什么想法,但是耐不住黄权总是对刘备赞扬张鲁,久而久之,刘备也动了招降张鲁的念头。于是,他任命黄权为护军并派他率领部队去迎接张鲁。

谁知,张鲁竟然大怒,对黄权说:"我宁愿做曹操的下属,也不会去当刘备的座上客!"

不久以后,张鲁正式带着全家拜见曹操。

张鲁归顺朝廷以后被任命为镇南将军,曹操对他十分礼貌,又封他为阆中侯,食邑一万户。

光是这些还不能够表达曹操对张鲁归顺的欣慰,他将张鲁和其家属带回邺城,又一一加封张鲁的五个儿子以及阎圃等人为列侯。

最后,曹操还让儿子曹宇娶了张鲁的女儿作老婆,算是回报张鲁对自己的倚重之心。

一会儿仇人，一会儿亲家
——张绣袭曹也降曹

张绣向曹操投降可不是一次就能说得清的，这期间他不仅和曹操反目过，还和曹操结下了杀子之仇。

起初，张绣跟随张济。张济死后，张绣的选择并不是曹操，而是要与刘表结盟。但对于张绣来说，软弱的刘表实在有些不可靠。面对强势的曹操，他只好放弃刘表选择投降曹操。

第一次投降曹操没多久，张绣就被曹操惹得忍无可忍。他一怒之下率军连夜偷袭曹操。曹操被张绣来了个突击战，简直是防不胜防，这也成了曹操战斗史上最不堪回首的一次失败：曹操的右臂被刺伤，他的大儿子曹昂、侄子曹安民、爱将典韦，还有典韦刚娶过门的邹夫人都死在了这场战争中。

这次曹操与张绣的恩怨要从公元197年正月，曹操攻打张绣的根据地宛城开始说起。曹操大军压城，张绣战或不战靠他想是不够的，于是他询问谋士贾诩的意见。贾诩很坚定地只说了一个字："降！"

就这样，曹操率军直接进入了宛城，不费吹灰之力。张绣向曹操投降，宛城自然成了曹操的囊中物。当曹操看到张绣叔父张济的遗孀邹夫人时，自然认为邹夫人也属于自己的私人财产。曹操见眼前的邹夫人一颦一笑都是倾国倾城，就立刻纳她做了妾。

邹夫人对于做曹操小妾这件事，并未抗拒。但张绣忍不下这口气，他觉得曹操强占自己的叔母，是对自己死去的叔父不敬。于是，只要见到曹操走进叔母的营帐，张绣便气愤难平。这便有了在夜间偷袭曹营一事。

张绣偷袭曹操的时候，曹操整个人还沉溺在邹夫人的美色中，完全没有防备。"色字头上一把刀"，就是这个"色"字让曹操经历了他人生中最惨痛的一次滑铁卢。虽然曹操在张绣的大军压迫下突破包围，但代价是他的大儿子曹昂因把马让给自己而身亡了。

大败曹操以后，张绣夺回了他的宛城，重新当了老大。到公元199年，张绣的力量已经微不足道了，他知道早晚会有比他更强大的军阀来并吞自己。恰好此时官渡之战爆发。于是,张绣看准机会准备再次选择一个人投降。对比之后,投降曹操显然更为明智,但张绣之前和曹操有过仇怨。为难的张绣又把贾诩叫来,向他询问意见。贾诩还是主张降曹。

于是,张绣再一次听从了贾诩的建议,第二次向曹操俯首称臣。张绣两次归降,曹操心里不免要多加一层防备,毕竟张绣曾经背叛过自己,还杀了自己的儿子和爱将。但是和袁绍开战在即,如果此刻不接受张绣,那么张绣转而支持袁绍,自己可能会战败。到底是心怀天下的人,曹操在一番利弊权衡之后,决定将张绣与自己的仇恨暂且放下,接受张绣的投降。

公元200年,张绣第二次正式投降曹操,而曹操也没对张绣提起过去的不愉快,只是牵着张绣的手参加为他举办的宴会,还让自己的儿子曹均娶了张绣的女儿,又封张绣为扬武将军。同年,张绣随曹操参加官渡之战,因力战有功,张绣被升为破羌将军。

公元205年,张绣跟随曹操前往南皮攻打袁谭取得胜利,这使张绣从原来的食邑加到两千户。

当时战乱,户口剧减,十户可能只剩下一户,曹操将领们的封邑没有一人达到一千户,唯张绣一枝独秀。

小知识

张绣当年杀了曹操的大儿子曹昂,后来他归降却没有被曹操为难。在张绣死后,他的儿子张泉因为卷入魏讽谋反事件而受到牵连,最后被曹操的儿子曹丕杀死。

自导自演，逆转人生
——袁绍名动天下

虽然袁绍参与了外戚和宦官的权力之争，但好处都被董卓捞走了，而袁绍的官职仍然停留在渤海太守这个位置。

此时，陷入尴尬境地的袁绍得到他的上司冀州牧韩馥"相助"。这个韩馥不仅功绩平平，为人也格外小气。当初袁绍一声不吭地参与宫廷政变，韩馥就担忧袁绍会超越自己。虽然诛杀宦官一事没为袁绍换来好处，但为他打响了一点儿名号，使原本默默无闻的小小太守瞬间扩大了影响力。尽管袁绍对事情的结果郁闷不已，而韩馥却对他是嫉妒万分。

上司嫉妒下属，只会使袁绍在职场混得更加艰辛。万万没有想到的是，董卓控制朝廷以后，被暴政惹得不满的天下豪杰想起了当时血洗内宫的袁绍，于是纷纷跑到渤海小郡归附袁绍。本来冀州牧就不是一个大地方，韩馥早已习惯被世人忽略，此时来了这么多能人异士，还全是看着袁绍的面子，这等于给了韩馥一个响亮的耳光。对于韩馥而言，袁绍结交豪杰，就是无视自己这个上司。

韩馥不开心，便想整袁绍，想不出别的办法时，他就给袁绍断粮。此时的袁绍对争夺天下早就蠢蠢欲动，现在又有人愿意帮助自己，自然急于摆脱韩馥的管束。所谓不怕你生气，就怕你不生气。恰好韩馥"知趣"：袁绍没有犯错，韩馥却不给他供应粮食，这就给了袁绍反抗的机会。

于是，袁绍联络幽州的公孙瓒出兵攻打韩馥。公孙瓒也不傻，如果直接说攻打韩馥，韩馥肯定会调袁绍的军队来抵御，因此他打着剿灭董卓的幌子，打韩馥一个出其不意。

韩馥被公孙瓒这么一打，直接吓破了胆。他想到天下的军阀都太凶悍了，自己没招惹谁就要挨打。这冀州牧他不能再做了，不然哪天再来一个公孙瓒，搞不好连命都丢了。韩馥一害怕逃走了，袁绍就能坐享其成。

这出戏本来就是袁绍编导策划的，但演戏还得演足。韩馥临走时，袁绍虽然心里乐不可支，但还是表现得依依不舍，挥手对韩馥说："你多保重。"

少了韩馥这个绊脚石，袁绍终于可以大显身手了。此时的冀州牧一职已经落到袁绍的手中,袁绍的威望和军队也在逐渐扩大。于是,袁绍开始发动讨伐董卓、出征公孙瓒等一系列战争。随着袁绍越来越强,来投靠他的豪杰也越来越多,他又喜欢结交人才,善用谋臣,天下英豪聚集这里,使袁绍简直如猛虎添翼。

小知识

据传,当年袁绍忧愤而死后,曾经跟随他南征北战的族人便趁月黑风高之时将他的尸体通过水路运回了家乡,葬在曹河岸边。他们担心曹操不肯善罢甘休,仍会报复袁绍,便将曹河的名字改为"漕河"。漕河一名一直沿用至今。

众叛亲离的结局
——袁术称帝丧身

东汉末期，出现了很多权臣和军阀，虽然他们对皇帝的宝座都垂涎三尺，但是真正敢实践这种野心的人却不多。在汉室前后四百余年的统治下，虽然天下百姓对刘姓子孙的统治越来越失望，但异姓想取而代之仍然需要有承受舆论谴责的勇气。更何况各地军阀都如强盗般想要从汉室江山争夺一点好处，这时候谁突然代汉称帝，便成了众矢之的。因此，虽然后汉王朝的大部分时间都被宦官、外戚、军阀等各种势力操控，但真正敢把汉室江山改姓氏的人还真不多。

而袁术并不在乎这种后果。在他眼里，此时天下一分为三：南边的自己最强，中西方向的曹操次之，中东方向的吕布则势力最弱。那么，既然自己是三强中的最强者，称帝应该没人敢反对。

恰好此时袁术遇到了一个当皇帝的好机会。

当董卓几乎把汉室变为董姓朝廷时，十八路关东联军对此非常不满，他们举起大旗准备将董卓从皇宫大殿中赶出去。洛阳城陷入战乱之时，袁术的下属孙坚在废墟里捡到了一个宝贝，这个宝贝不是别的，正是皇帝的玉玺。孙坚拿着皇帝的玉玺没有声张，直至他死前，才将玉玺传给了自己的儿子孙策。

那么，孙策拿着这枚汉室玉玺做了什么呢？他找到袁术，以玉玺作为抵押，从袁术手里借了三千兵马，到江东创业去。

拿到玉玺的袁术自然做起了皇帝梦。

兴平二年的冬天，在外逃亡的汉献帝跑到曹阳。袁术听说了之后，就对自己的手下说："如今汉室衰微，而我们袁家四世三公，名望很大，我能不能取而代之呢？"

袁术的话让手下目瞪口呆，但他们又不好反对。只有主簿阎象说："当今皇帝并没有做过什么残暴的事，我们拿什么理由改朝换代呢？"

袁术听了不以为然，心想，当皇帝还需要理由吗？于是，他自封为皇帝，国号仲氏。他不但大肆修建宫殿，还找了很多美女，整日寻欢作乐。但是，袁术军中的士兵却又冷又饿，既没有棉服也没有粮饷。

袁术的皇帝之位还没有坐多久，曹操和吕布这两只猛虎就已经开始互通信件，商议着怎么联合攻打他了。

曹操拉拢吕布，有个有利的条件——汉献帝此时已被他操控。这时候的曹操已经贵为丞相，他以皇帝的名义向吕布承诺成功后要为其加官晋爵。吕布听后，十分心动。

袁术并不知道自己的好日子快结束了，拿着玉玺的他早已丧失了最基本的判断力。他不但不考虑称帝的后果，反而高兴地派人通知吕布说自己登基了，还命令他把女儿送来作妃子。

吕布这下彻底被激怒了，当即大吼道："反贼焉敢如此！"说完，命人把袁术派来的使者绑起来，押到曹操处共立盟誓。

其实，在此之前，虽然曹操一味拉拢吕布，但吕布始终是倾向于袁术这一方的。可是袁术不知天高地厚地想要当皇帝，还命令吕布将女儿送给自己，这彻底将吕布激怒了，把自己搞得孤立无援。

吕布和曹操结盟以后，袁术大怒，他立刻派二十万大军，分七路进攻在徐州的吕布。

不得不说，袁术此时的势力的确大过曹操和吕布，但是曹、吕二人结盟，即使任他袁术再强，恐怕也不是对手。

袁术出兵攻打吕布，曹操当然不能坐视不理，他派刘备和关羽从袁术军队后方截杀。

有曹操的军队在后方呼应，吕布在前线战场势如破竹，最后大败袁术二十万大军。

战败的袁术还不死心，这时候他想到了当时向自己借兵去江东创业的孙策。孙策在江东早已经形成了自己的势力，哪里还受袁术的控制。再说袁术登基称帝的消息早已传得人尽皆知，他无疑是断了自己的退路，孙策不可能与之为伍。

孙策和袁术反目后，不仅痛批袁术是反贼，大逆不道，还直接派兵与曹操、吕布结成联军一路追击袁术。

这下子袁术成了落水狗。他先跑去投奔自己的部将雷薄，谁知雷薄根本不理他。没办法，他又想把自己皇帝的称号给袁绍。袁绍和袁术向来不和，此时袁绍不仅不伸出援手，还来了个痛打落水狗。到距离寿春不到八十里地的江亭时，袁术已经穷困潦倒，军中只剩下麦屑三十斛了。

当时天气炎热，袁术命令手下拿些蜂蜜水来解暑。手下非常尴尬地告诉袁术没有蜂蜜。袁术听后，坐在那里叹息良久，最后吐血身亡。

英雄难过美人关
——吕布乃一介武夫

董卓在朝廷倒行逆施，几乎把东汉朝廷变成了董姓王朝，这引得很多人不满。但是此时对付董卓又实在需要勇气，且不说董卓在朝廷的势力，人们光是听到他义子吕布的威名就已经闻风丧胆了。但是人都有弱点，而这对父子的弱点又出奇地一致：好色。

于是，大司马王允便想到一个计谋离间董卓父子，希望借吕布之手将董卓处死。这样一来，既可以瓦解董卓集团，又不必浪费自己的力量。

这天，王允派人将一顶缀满明珠宝石的金冠送给了吕布。礼物价值连城，吕布自然要亲自登门道谢才足以表达感激之情。而吕布从踏入王允府中那一刻起，就已经陷入了王允为他准备好的美人计。

吕布来府，王允自然要设宴招待。酒过三巡，王允便让府中的歌女貂蝉给吕布斟酒。这貂蝉天姿国色，吕布第一眼见到她就不能自拔了。

王允巧施连环计

王允见此，趁机向吕布提议说："将军，我是钦佩您的威名才让貂蝉与您相见。如果将军不嫌弃，就让我做个媒人，把她许配给您。不知将军意下如何？"

此时的吕布早已被貂蝉迷得无法转移视线，而貂蝉面对吕布赤诚的目光，也含情脉脉地看向他。

吕布高兴地从王允府中离去。王允见一切都按原计划顺利进行，几日后，又找了个理由将董卓请来自己府中做客。董卓到府后,王允先是一番吹捧,待董卓捧得眉开眼笑之时,王允开始切入正题:貂蝉的歌舞出场了。

貂蝉浓妆艳抹、载歌载舞地出场了,她着实令人惊艳,见过万千美女的董卓竟然一时不能自持,看得眼睛都直了。

待貂蝉一曲歌舞完毕,王允伺机对董卓提议:"太师您觉得我把貂蝉送给您合适吗?"

董卓一听,自然心满意足。本来还想找个理由把貂蝉讨来,没想到王允自己开口,他果然是识趣的人。

酒足饭饱后,当董卓从王允府上离开时,身边多了一个人,她正是貂蝉。

貂蝉被董卓带回太师府的消息很快传到吕布的耳朵里。本来等着王允把貂蝉嫁给自己,此时貂蝉却被董卓纳了小妾。盛怒下的吕布再次来到王允府,责问他缘由。

王允对此早有心理准备,连说辞都早已编好:"昨天太师来我这里,说要将貂蝉接回府中与您成婚,将军您还不知道这个消息吗?赶快回府准备成亲吧!"

吕布一听,怒气顿时消散,高兴地回府等着娶貂蝉过门当媳妇。

但吕布等了一夜也没有半点风吹草动。第二天一早当吕布询问侍女董卓在哪里时,侍女却说:"昨天太师纳了一位新人,现在还没起床呢!"当时吕布的心情应该是极为复杂的,一方面渴望见到貂蝉,一方面又害怕董卓新娶的小妾就是貂蝉。但不管结果如何,答案迟早还是要揭晓的。

当吕布看到貂蝉坐在董卓的卧室梳头时,一切都明白了。

虽然吕布又气又恨,但毕竟董卓是他的义父,还是得忍下这口气。

可是貂蝉却不能让吕布忍下这口气。她一见到吕布就泪眼汪汪,表示自己不想嫁给董卓,希望吕布能够早日救自己脱离苦海。

自古英雄难过美人关,吕布虽武艺高强,但是在儿女私情上柔情似水。

有一次,貂蝉在凤仪亭依偎在吕布怀里,恰好被董卓撞个正着。眼看义子占了自己宠妾的便宜,董卓竟气急败坏地抢过画戟向吕布刺去。

这次事情之后,父子二人算是彻底决裂了。

但是这还远远不够,王允还得火上浇油。

他将吕布请到府中,对吕布说:"貂蝉本是一心一意想与将军结为夫妻,但董卓从中作梗,才令你们有情人无法相守。将军跟随董卓多年,又为董卓立下赫赫战功,想不到董卓竟然狠心要将您杀死。这样下去,将军不仅保不住美人,恐怕性命也堪忧。"

吕布虽然生董卓的气,但念在父子之情还是有些犹豫,王允自然不给吕布心软

的机会,又继续说道:"董卓姓董,将军姓吕,本来就不算是什么父子。现今董卓不念父子之情抢了貂蝉,又要刺杀将军,将军还要继续为虎作伥吗?假如今天将军能够弃暗投明,日后必将得到皇帝重用,又可以和貂蝉永远在一起。这样不好吗?"

不久,吕布便拿起画戟对准了董卓。

杀了董卓之后,吕布第一件事并不是去朝廷领功,而是赶到太师府接走了貂蝉。

小知识

荀攸对吕布的评价是:"布骁猛,又恃袁术,若纵横淮泗间,豪杰必应之。"虽然吕布被公认为猛将,但却难过貂蝉美人关,最后也因自己有勇无谋惨遭杀害。

名将再强，也难防暗箭
——孙坚的陨落

当初，在讨伐董卓时，关东群雄眼看持久消耗下去只会损失实力，便陆续撤出战场。最想除掉董卓的袁绍、袁术两兄弟顾不得和董卓打仗，却正忙着内斗。这时，只有袁术的手下孙坚仍在坚持和董卓作战。

在孙坚攻打董卓期间，袁绍突然派周昂攻打袁术。袁术措手不及，连忙命孙坚火速率军赶回支援。

孙坚接到袁术的信函时，简直是哭笑不得。明明说好了要共同讨伐大奸臣董卓，没想到窝里竟然斗了起来。可是老大现在有危险，只能赶回去营救。袁绍这次出兵首先攻打的就是孙坚掌管的阳城，要是回去晚了，以后自己这个地头老大就没得当了。

但是孙坚心里还是很委屈，他对手下感慨道："我们同举义兵，目的是挽救江山社稷。如今逆贼将被扫灭，自己人却争斗起来。我跟谁戮力同心，回天转日呢？"说完这话后，孙坚心中的悲伤再也无法抑制，他竟然仰天长叹落下泪来。

既然孙坚已经率军赶了回来，周昂也不能再嚣张了。孙坚几乎没费吹灰之力，就将周昂打得落荒而逃。不得不说，孙坚军队的战斗力还是很强的。当时讨伐董卓的各路兵马，只有孙坚的军队能够屡战屡胜。

不过说到孙坚，最可惜的是他跟错了老大。袁术在当时虽然实力最强，但袁术与董卓相比也好不到哪里去，也是狼子野心。而从智商方面来论，袁术甚至还要差董卓一大截儿。只不过当时董卓独断朝纲，有更多的机会去做坏事。而袁术在地方称霸，远离了政治风暴中心，做坏事的机会只是较少而已。

公元191年四月，袁术派孙坚攻打荆州的刘表。

刘表得知消息后便派黄祖在樊城、邓县之间迎战。

两军初战之时，孙坚很轻易就击败了黄祖。但是孙坚没有见好就收，而是把黄祖赶往死路。孙坚率军一路渡过汉水，直到包围襄阳。

见孙坚军队兵临城下，刘表关上城门避战不出。

刘表这样做当然不是畏惧孙坚，而是另有计策。当天夜里，刘表派黄祖趁着夜色出城调集士兵。当黄祖带兵归来时遇上孙坚的军队,于是又发生了一场恶战。即使调来了救兵,黄祖还是败了。但是黄祖直接逃到自己熟悉的岘山中。孙坚又不死心地追击。

当孙坚追至岘山丛林深处,黄祖部将从竹林中发射一支暗箭。所谓"明枪易躲,暗箭难防",这支暗箭正中孙坚心脏。

至此,一代将星从战场上陨落下来。

小知识

孙坚17岁时,曾随父亲一同乘船去钱塘。半路上,碰上海盗胡玉等人抢夺商人财物,然后回到岸上分赃。与孙坚同船的商人见到此情此景,都吓得不敢走路,来来往往的船只也都不敢继续向前行驶。孙坚见此情形,直接提刀奔向岸边,边走边用手指挥,仿佛部署人包抄海盗。海盗见状,吓得四散而逃。孙坚因此事名声大振,被任命为代理校尉一职。

可怜霸王命不长
——孙策脱离袁术

孙坚为袁术拼死卖命,最后却落得个中箭身亡的下场。在孙坚死后,袁术称帝的野心日益显露,孙坚的儿子孙策越来越不愿意为袁术效命,恰好孙坚的老部下丹阳尉朱治来劝孙策去江东建立自己的事业。

于是,孙策便捧着当初父亲孙坚给他的玉玺去见袁术,说:"我家旧日对江东人多有恩义,我愿带兵去帮助舅父征伐横江。横江攻克之后,我还可在当地招募士卒,大概能招募三万人。那时,我再率领他们助您平定天下,谋成大业。"话虽这么说,但袁术心里明白孙策其实是想创业。袁术转而又想,现在江东那边有刘繇和王朗,分别占据着曲阿和会稽,区区孙策又能有什么作为呢?于是便欣然应允了孙策用玉玺换兵的要求,又替孙策表奏朝廷,任命他为折冲校尉。

很快,孙策就率领着父亲的旧部和自己的数百门客向江东出发了。

孙策这一路,凭着自己的名声和他父亲的威望,吸引了很多人来投靠他。等到了吴景的驻地丹阳时,孙策遇到了对他日后帮助极大的一个人,他就是周瑜。周瑜不仅出门迎接孙策,还带了很多军粮来。

孙策见此,高兴地说:"有了你的支持,事业一定会很快成功!"

孙策加周瑜的组合,果然所向披靡。在两人很有默契的配合下,孙策在江东基本上是战无不胜,接连挫败樊能、张英等人。孙策越战越勇,在优势面前,他选择连续出击。在武争江东地区的同时,孙策也得到了百姓们的拥护。

孙策平定了江东,他的军队也因军纪严明广受好评,原本江东地区的地方官员继续任命,吴景为丹阳太守,朱治为吴郡太守,孙策自己则兼任会稽太守,仍以虞翻为功曹。

然而,孙策在以迅雷不及掩耳之势平定江东时,杀了很多阻碍他的人,这些人里,有不少来自名门世族,还有一些英雄豪杰。想为这些人报仇的人看到孙策在江东耀武扬威,更加无法平息心中的怒火。而孙策呢?他倒不在乎这些。江东地区已经被他攻占下来了,百姓安居乐业,那么孙策便可以满足一下个人爱好了。

孙策的爱好,没有别的,只是轻骑射猎。

第四章 天下乱世，群雄割据

公元200年四月，孙策像往常一样出去打猎。可能这天他的心情很好，选了一匹上等的精骏宝马。这宝马全身皆白，快如闪电。可是宝马快到随从骑的普通马跟不上来。

在孙策射猎到忘我的境地，早已顾不得随从在不在自己身边，只顾着一味策马奔腾。这时，突然从草丛中跃出三个人，猛然向孙策拉弓。生死仓促间，孙策哪里来得及躲避。

虽然，随从很快赶了上来，杀死了这三个人，但孙策此时已经是奄奄一息了。

随从见状，赶忙扶孙策回到守地。

中箭的孙策知道自己活不长了，就命张昭等人赶来托以后事。

孙策说："中国方乱，夫以吴、越之众，三江之固，足以观成败。公等善相吾弟！"

接着，孙策又将孙权叫来，给他佩上印绶，说："举江东之众，决机于两阵之间，与天下争衡，卿不如我。举贤任能，各尽其心，以保江东，我不如卿。"

《历代帝王图》中的吴主孙权

孙策交代完这些后，已经没力气再讲话了。没过多久，孙策就因伤重去世，年仅26岁。

小知识

据说孙策容貌十分俊美，性格开朗、率直大方，不仅善用人才，更乐于听从部属的意见。除此之外，孙策还很仁爱，因此赢得了不少士人、百姓的拥戴，士民都愿意为他效忠。

赤壁大火稳江东
——孙权与刘备的联盟

公元207年,东汉政权已经名存实亡。刘备在忙着建立事业时得到了一个人的帮助,此人便是诸葛亮。诸葛亮为刘备指明了战略路线:东联孙吴,西据荆州,南和夷越,北抗曹操。

作战方案虽然有了,但时间上未必来得及。

曹操作为实力最强的一方,当然要抓住一切机会扩大势力范围。适逢荆州刘表去世,刘备刚有了计划还没准备齐全,就已经听到曹操攻占荆州的消息。

曹操攻下了荆州,刘备只好逃跑,情急之下,他只得放弃新野,退往夏口。而曹操则继续向江陵进攻。此时曹操南侵看似将矛头对准刘备,但其实他还打算到江东消灭孙权。

这时候论作战实力,孙权和刘备都不是曹操的对手。在地盘和生命双双受到威胁的情形下,这两个人除了结成联盟别无选择。

不过,两强联合总是会有很多顾虑的,毕竟双方心思都不少,所以稍有不慎,可能不但结盟失败,还可能结下仇怨。事实的确如此,孙权和刘备对于结盟都有不少顾虑。这时孙权一方的鲁肃和刘备一方的诸葛亮成了结盟的推动者,这两个智囊都极力游说自己的主公结盟攻曹。鲁肃更趁着刘表的追悼会直接游说刘备,安抚刘表的部众增加自己的势力,与孙权联手共据曹操。

结盟事关重大,虽然孙权和刘备的下属们态度都很积极,但孙权在江东自我感觉良好,所以他的回答始终是:"我再考虑一下。"

然而曹操的一个举动直接刺激了孙权的居安想法,间接推动了孙权和刘备的结盟。曹操以为自己威震四海,已经到了令对手闻风丧胆的地步,对于小小江东,他认为自己可以不战而胜。于是,他命人给孙权送了一封书信,说白了就是一封恐吓信。

孙权虽气,但曹操的势力毕竟不容低估,自己的手下们又各说各话,统一不了意见。万分无奈之下,孙权只好把周瑜召回来。而周瑜对此态度很是坚决:抗曹。

孙权一听："抗曹？"周瑜回答："对，抗曹！"

到此为止，孙权和刘备这才正式结盟。

结盟后两个团队最要紧的事情就是考虑如何对抗曹操。对此，周瑜早已有了自己的计划，不然也不会如此坚决地对孙权说抗曹了。

周瑜认为，曹操军队长途作战，到了江东必定劳累不堪。而江东多水，曹操想要争取江东只得渡江。北方的将士素来不谙水性，他们放弃擅长的马战，改用船只，正利于善于水战的我方，因而将战场定在赤壁。他再派黄盖假装向曹操投降，等到十艘战舰靠近曹操大军时，就点起大火，用火船冲向曹军战舰，再借风势让大火无限蔓延。这样一来曹操的水师必然无还击之力。

有了详细计划后，对抗曹操能否成功就要看是否天时地利了。

这年十月，赤壁之战正式开打。

采用火攻后，曹操的军队被打得四散而逃。此时，周瑜率领主力军队迎面出击，曹操的十万大军瞬间败落，无数将士都被烧死、淹死。眼看局面失去控制，曹操只好率领残兵向西逃跑。

这场赤壁之战，令曹操损失惨重，士兵折损了大半，有烧死的，有淹死的，还有在战后因粮草不足、疟疾蔓延而死亡的。

这场大火，基本上稳定了江东局面，进而奠定了三足鼎立的局面。

一代名将周瑜画像

小知识

数百年来，历史学界对于赤壁之战发生的地点多有讨论，诸说并起，被媒体称为"新赤壁大战"。据统计，至少有七种"赤壁说"：蒲圻说、黄州说、钟祥说、武昌说、汉阳说、汉川说、嘉鱼说。从现代观点来看，争论的焦点在蒲圻说和嘉鱼说之间，而历史学出版物和已发现文物的证据更偏向于蒲圻说。

君无实权
——董卓的政治投机

董卓这个人野心有多大？他在进入京城之前已经被人防范，从这就能够知道了。

汉灵帝还在世时，董卓只是一个在外带兵的将军。虽然他的作战实力一般，但是他死握着兵权不放，即使在汉灵帝下诏命令董卓入朝担任少府一职，他也是百般推托，不肯离开他的军队。汉灵帝病重时，再次下旨派董卓担任冀州牧。董卓说："我的士兵和我情同兄弟，请允许我将他们一起带到冀州。"

朝廷重臣皇甫嵩的侄子皇甫郦对董卓的做法十分不满，他对皇甫嵩说："朝廷要董卓交兵权，但他百般推托，这不是摆明着要造反吗？"皇甫嵩想了想，就给皇帝上了一道奏折。

汉灵帝这次也被董卓彻底激怒了，下诏严厉斥责董卓，命令他即刻前往冀州上任。末了还补充一句：不准带兵。

而老天这次偏偏帮了董卓一把：在他黔驴技穷之际，汉灵帝死了。

汉灵帝一死，凭着董卓的政治嗅觉，他知道京城一定会发生内乱。于是，趁着没人管自己时，董卓就大张旗鼓地率军来到洛阳附近。

在这个政权过渡的阶段，京城的状况果然如董卓所预料的那般。在外戚势力和宦官势力的争夺下，代表外戚一方的大将军何进开始将外地的军队调往京城。董卓正好手握重兵又离京城很近，这下他的政治机会该来了吧？然而并没有。因为尚书卢植等人反复劝告何进：不能让董卓进京。

当时外戚集团忙着和宦官集团较劲，还要提防着在京城外、黄河边的董卓。可想而知他的政治野心简直昭然若揭。

眼看自己带兵就要进到京城内了，此时却被拒于大门外，想必董卓的心里很不好受。他虽然进不去，但还是可以静观其变，也许哪天还能捡个大便宜。

此时，只能守在黄河边壮声势的董卓离朝廷还很遥远。而老天这次时又帮了他一个大忙。

在皇宫内，大将军何进最后没能控制住形势，还把自己的命赔了进去。何进被

宦官杀害以后，袁绍、袁术的军队开始攻打皇宫，又是放火烧宫门，又是斩杀宦官，手段相当残忍。

董卓看见京城内火光冲天，心想城内一定是乱作一团了，便当夜率军挺进京城洛阳。

董卓一边率军挺进，一边盼望着这场纷乱慢点结束，不然等他赶过去，什么都解决了，也就没他的事了。

老天似乎偏爱董卓，当他到洛阳城西边时，接到手下赶回来报告的消息，称小皇帝被宦官劫走，现在虽然已被朝廷官员救了下来，但是他们还在返回途中，且随行的人很少。

董卓一听简直笑得合不拢嘴，直接下令转向北郊。后面的事大家都知道了。

在这场袁绍兄弟卖命搏斗，宦官、外戚双双丧命的政治斗争中，董卓捡了个便宜，得到了直接登上朝廷高位的机会。

董卓的野蛮在他权力达到巅峰时彻底暴露了。他逼迫何太后下诏废立刘辩，改立刘协当皇帝。他不愿意见到泪眼婆娑的何太后，就将她软禁到永安宫，最后还是毒死了何太后。

小知识

据说，董卓年少在田间耕地时，曾捡到一把刀。刀上面没有文字，四面隐起作山云文，斫玉如泥，看起来十分珍贵，董卓将此刀珍藏起来。后来董卓富贵了，就将这把刀拿给蔡邕看。蔡邕看过后，感叹道："这是项羽之刀。"

挟天子以令诸侯
——曹操的阴谋

曹操在《三国演义》里是个奸雄。大家既承认他是英雄，又都骂他是奸臣。这样一来，这个人的故事就显得有些耐人寻味了。

俗话说："龙生龙，凤生凤，老鼠的儿子会打洞。"直到今日，持血统论和出身论的人也大有人在。蘑菇长到金銮殿上，不是灵芝却胜似灵芝。

曹操并不期求这种高贵身份。他也算是出身高贵家庭，父亲好歹是个官，而不利的是，他爷爷是一个宦官。他父亲本姓夏侯，被过继给了姓曹的宦官，所以曹操才姓曹。宦官的名声不好，但曹操不在乎。最让人佩服的是，他在《让县自明本志令》（又名《述志令》）所阐述的"政治纲领"中，明确表达了自己"不得慕虚名而处实祸"的观点。他在其中写到，有人说我曹操应该功成身退，把职务和权力交出来，到自己的封侯国去安度晚年。不行！职务我不辞，权力我也不交。为什么呢？"诚恐已离兵为人所祸也。"谁都知道，我现在手握兵权，才有了这一呼百应的权威。一旦交出去，那我的老婆、孩子就不能保全，皇上也不得安全。"既为子孙计，又已败则国家倾危"，所以我绝不交权。

想当初，曹操没有发迹时，想要在朝廷立足，他把政治重心都放在皇帝身上。此时的皇帝已经被各路诸侯无视很久了，难得曹操愿意把皇帝当老大，所以当汉献帝穷困潦倒时，曹操提议让汉献帝离开洛阳到自己的地盘许都生活，汉献帝自然就答应了。

汉献帝离开洛阳以后，杨奉开始觉得不对劲，这明明是"挟天子以令诸侯"啊！于是，杨奉赶紧派人去追汉献帝。但曹操何等狡诈，汉献帝既然都答应来许都了，我当然会加派兵力保护汉献帝顺利到达，哪会允许其他人半路捣乱。

曹操把皇帝从洛阳请到许都，这一路也做了不少投资。皇帝到了许都后，朝廷的开销也是要找曹操报销，这笔投资的确是大。但是很快，曹操的本钱就收回了。因为汉献帝看到曹操这个大财主以后，直接授予了他"大将军"之职。可以说，曹操现在的地位是一人之下万人之上了。

此后，曹操每天陪着汉献帝，而从许都发出的诏令，无疑都成了曹操的诏令。汉献帝对曹操来说还是有用的，毕竟天下尚有一个名义上的主子，曹操就能握着这张牌攻击那些让他不满意的对手。

年画《曹操逼宫》

此时在曹操的众多对手中，袁绍对曹操的威胁最大。

于是，曹操打着天子的旗号，批评袁绍只知道扩充地盘，不愿意扶持朝廷。袁绍被朝廷如此责备，只能自认倒霉，假装认错。曹操继续"下诏"，将袁绍改封为太尉。这种明升暗降袁绍不能忍受，他公然上书朝廷拒绝接受任命。

虽然整袁绍的人是曹操，但名义上发布诏书的是皇帝。袁绍公然拒绝任命曹操很没面子，但也给了曹操攻打袁绍极佳的理由：不服从天子。

在这件事上，袁绍虽然代表着当时最强的势力，但毕竟有袁术称帝的事例在先，如果此时袁绍和曹操作对，无疑是和朝廷作对，这完全是引火烧身的做法。事到如今，袁绍只能吃闷亏，顺应任命去做他的国防部长。而袁绍对曹操的妥协，就等于是当时最强势力对曹操的屈服。

汉献帝迁都许都，实际上就是将刘氏政权过渡为曹氏政权。但曹操并没有急于将朝廷易姓，而是利用汉献帝刘氏王朝的统治根基为自己日后的统治做准备。

在曹操"挟天子以令诸侯"的24年里，东汉已经彻底名存实亡了。在汉室王朝风风雨雨的前后四百年里，大小皇帝死于非命的不计其数。汉献帝虽沦为傀儡，是曹操控制他人的一个棋子，但他并没有受到太多的虐待，除了不能自由发号施令，

163

活得还算是有尊严。更重要的是，汉献帝没有因为曹氏建立自己的政权而被杀，得以寿终正寝。可以说，汉献帝算是历史上末代帝王中比较好命的一个了。

> **小知识**
>
> 　　曹操除了在政治上有所作为外，在文学上也颇有造诣。他的散文和诗歌均有慷慨悲壮之势，开启并繁荣了建安文学，给后人留下了宝贵的精神财富。鲁迅曾评价曹操为"改造文章的祖师"。另外，曹操还擅长书法，尤其是章草，唐朝张怀瑾在《书断》中评其为"妙品"。

第五章
红颜浮生录

不一样的废皇后
——郭皇后的政治姻缘

刘秀在创业初期,并不是一帆风顺的。在前往河北邯郸攻打王郎的时候,力量薄弱的他只能四处求援以扩大自己的军事实力,而河北地区的人民大多归顺了王郎。在刘秀最困难的时候,真定王刘扬表示要出兵帮助他,条件是要刘秀与其外甥女郭圣通结婚。

这时的刘秀,早已娶了阴丽华。那郭圣通是何许人?她的父亲是曾将百万家产拱手让给异母兄弟的好汉郭昌,她的母亲是汉景帝的后代。如此身世背景,就算刘秀不动心,看在百万雄军和无限粮草上也要把郭圣通娶回去。

刘秀和郭圣通虽是政治联姻,但郭圣通姿容秀美,对刘秀又是一往情深,两人在婚后还是过得很和谐。

等到刘秀平定天下,得以继承大统之时,他终于有机会将阴丽华接回自己身边。

两个妻子,一个是患难与共的阴丽华,一个是对自己事业有帮助的郭圣通,在由谁来做皇后这个微妙的时刻,郭圣通为刘秀生了第一个儿子刘强。

这样一来,本来家世就不如郭家的阴丽华主动放弃了刘秀给她的机会,将皇后之位拱手让给郭圣通。

郭圣通成了皇后,她与刘秀的长子刘强自然被封为太子。不过,郭圣通与阴丽华之间的明争暗斗没有到此结束。

后来,郭圣通又相继为刘秀生了四个儿子,而阴丽华也不甘示弱地生了五个。在刘秀十一个儿子中,除了许美人为刘秀生过一个儿子外,其余均为郭圣通、阴丽华所出,可见两人当时在刘秀心中都是有位置的。

随着皇子们渐渐长大,哪个儿子更有才学刘秀一眼就能看出来。阴丽华所生的大儿子刘庄显示出超人的聪慧和机智,并且非常勤学好问。刘秀在心里将刘庄和刘强做对比,开始动摇是否真的要让刘强来做接班人的想法。

在刘秀有了换接班人这个想法后,郭圣通和阴丽华的关系开始变得更尖锐起来。此后不久,阴丽华娘家遭到强盗的洗劫,她的母亲和弟弟都被强盗杀害,阴丽

第五章 红颜浮生录

华整个人陷入悲痛当中。

阴丽华难过,刘秀感同身受,他下了一道诏令,对阴丽华的族人大加封赏。同时他又说阴丽华贤德,这个皇后之位本来应该是她的,可她却推辞了。

这件事对郭圣通来说是一个不小的刺激。这时,即使郭圣通对阴丽华再忍让也难以做到心平气和了。

接下来,郭圣通犯了个大错,就是吃醋闹情绪,导致刘秀将她皇后之位废黜,改立阴丽华为后。

郭圣通被废以后,失去了母亲庇护的太子刘强自知父亲更属意刘庄,就主动辞去了太子之位。

但废后郭圣通并没有因此失宠。毕竟郭圣通的舅舅、父亲都在刘秀危难时支持过他,这种恩情刘秀自然没有忘记,虽然他废除了郭圣通的皇后之位,但不断用重金和爵位对郭家进行补偿。一时间郭家在洛阳城内成了富可敌国的大家族。刘秀有时还会带着百官到郭圣通的娘家去饮宴。郭圣通的母亲去世时,刘秀带着人亲自赶去吊唁。因此郭圣通的娘家人对刘秀依然忠心。

郭圣通被废一事可以说前后都没有引起什么骚动。而郭圣通虽然名义上被废,但她在洛阳宫中的生活仍然和从前一样,不但没有住进冷宫,刘秀反而赐给她一座宫殿让她住。不仅如此,刘秀还经常去探望她。

被废以后她还能得到刘秀的恩宠,郭圣通可以算作历史上独一无二的废皇后了。

小知识

《后汉书》记载:"郭后违命,阴氏得令。"实际上郭皇后除了喜欢闹点小情绪外并没有其他的错误,而刘秀却谴责郭皇后说:"皇后怀执怨怼,数违教令,不能抚循他子,训长异室。宫闱之内,若见鹰鹯。既无《关雎》之德,而有吕、霍之风,岂可托以幼孤,恭承明祀?"可见闹情绪在帝王眼里是极不能容忍的。

万千宠爱于一身
——娶妻当得阴丽华

佛说,前世五百次回眸,换来今生的擦肩而过。想必当年轻的刘秀在新野街头与阴丽华擦肩而过时,心情应该是特别复杂的。

当时,刘秀还只是个落魄的庄稼汉,而阴丽华是名门淑女。虽然刘秀对阴丽华一见钟情,但无所成就的他只能压抑自己心头的爱慕之情。

没过几年,刘秀来到长安游学。在这期间发生的一件事彻底影响了他的人生:看到执金吾出行。

执金吾的出行场面极为盛大。看到别人都已经建功立业,年轻气盛又是汉室表亲的刘秀自然会产生一点遐想。这件事之后,每当刘秀感叹起人生总是要说:"仕宦当作执金吾,娶妻当得阴丽华。"久而久之,这句话成了刘秀的人生奋斗目标。

公元23年,刘秀在昆阳之战取得了胜利,他本人因此声名远扬。刘秀兄弟二人功高震主,更始帝刘玄便找了个借口将刘秀的哥哥刘演杀害了。相依为命的哥哥死后,刘秀明白自己必须小心谨慎,不然下一个遭殃的可能就是自己。在此后的很长一段日子里,刘秀都是夹着尾巴做人,日子过得十分艰难。

在他内心最彷徨、痛苦的时候,老天给了他一个恩赐,让他娶了自己梦寐以求的女子阴丽华。

刘秀和阴丽华结为夫妻后,过上了难得的清闲日子。夫妻二人新婚燕尔,如胶似漆。可是这种甜蜜没持续久,因为刘秀被派去镇抚河北了。

到了河北以后,刘秀开始了他人生最动荡的一段岁月。这期间,刘秀一路被王郎的军队追杀,几次化险为夷,刘秀有时会感慨这天下间哪里是他的容身之处。

当刘秀终于抵达河北,第一件事便是寻找能够帮助自己的人。这时候恰好有个叫刘扬的地方诸侯王很看好刘秀,但帮助他的条件是他必须迎娶自己的外甥女郭圣通。

这场政治联姻给刘秀换来了军事实力,更换来了刘秀日后的东汉王朝。而刘秀却因此对不起他的结发妻子阴丽华。

刘秀和阴丽华一别就是几年。这期间很多人都认为刘秀已经死了,劝阴丽华改嫁,但阴丽华始终没有改嫁。

刘秀登基后,并没有忘记他与阴丽华的承诺。阔别多年后,阴丽华终于等到了刘秀。当二人再见面时,已经物是人非。刘秀不仅从一个普通官员变成了东汉开国皇帝,身边还多了一个怀孕多时的老婆郭圣通。

见到这种情形,阴丽华大受打击。

夫妻得以重聚,但隔了这么多年,很多事都已非从前。虽然刘秀心里爱的人是阴丽华,可是郭圣通也有恩于他。

然而问题还是需要面对的。国不可一日无君,也不可一日无后。此时郭圣通已经生下了皇子,刘秀本想要立阴丽华为后,但又顾虑有失大局。阴丽华明白刘秀的为难,便劝刘秀立郭圣通为后。

公元41年,刘秀废黜了郭圣通的皇后之位,改立阴丽华为后,这对患难夫妻也算是有圆满的结局了。

> **小知识**
>
> 刘秀在京师长安太学读书时,有一次见到了执金吾率军出行的盛大场面,在此之前他对出身名门的新野阴氏家族小姐阴丽华的美貌很仰慕,因此感慨说:"仕宦当作执金吾,娶妻当得阴丽华。"这在日后引发无数英雄的共鸣。

"不留名"皇后约束外戚
——马家有位三小姐

在马援的三个女儿中,三小姐最灵秀聪慧。马援生前曾为三小姐和窦家定了亲事。可是马援死后,却被诬告而受冤,导致撤免侯位。而窦家竟落井下石,这令马援的蔺夫人十分恼怒,坚决与窦家解除三小姐的婚事。

蔺夫人给三小姐退了亲以后,开始为女儿盘算今后的出路。想来想去,她决定将三个女儿全部送进皇宫,也许将来能还马家一个公道。

灵秀出众的三小姐进宫后被送入太子宫中,她很快得到了恩宠。当时只有13岁的三小姐因性格温和、谦虚温柔,不仅阴皇后对她印象很好,就连太子刘庄也十分宠爱她。有皇后、太子的宠爱,又有宫人对她的称赞,三小姐在宫中可谓是如鱼得水。因此,等到光武帝病逝,太子刘庄继位时,三小姐便被加封为贵人,不久以后,又被封为皇后。

三小姐成为皇后这年,刚满17岁,可以说三小姐的人生之路走得实在太顺利了。不过,她也有自己苦恼的问题,就是没生育孩子。刘庄为了安抚她便把贾氏所生的儿子交给她抚养。贤良的三小姐没辜负刘庄的心意,对待贾氏的孩子宛如自己亲生的一样。这个孩子就是后来的章帝,他对三小姐也十分孝顺。

贵为皇后的三小姐有父亲遭冤的教训,在宫中自然十分谨慎。她虽然有明断之才,却坚决不参与朝政。即便是在刘庄死后,章帝继位,已经贵为太后的三小姐仍然坚持远离政治旋涡。

已为太后的三小姐在宫中闲来无事,经常感怀刘庄在世的点点滴滴。于是,她决定亲自撰写《显宗起居注》,将刘庄生前的日常点滴都记录下来。但三小姐在撰写的过程中刻意将哥哥马防在刘庄病危时侍奉其左右这件事给抹去了。当章帝发现后,忍不住替舅舅打抱不平:"一年以来,舅舅早晚侍奉先帝,如今既不表彰他,又不记录这件事,是不是有些过分?"三小姐却说:"我这样做正是希望后人不知道先帝曾经亲近后宫的家人啊!"

后来,章帝感念自己幼年时舅舅的教导之恩,想要给舅舅封侯,但三小姐坚决制止了章帝的这一想法。等到第二年,时逢大旱,群臣认为这或许是不封外戚的原因,因此上奏太后请求按照典制加封外戚恩泽天下。

三小姐知道这是有些大臣想要趁机找理由讨好自己,就写了一份诏书说:"凡上奏此事的人只不过是想要讨好我,希望能从中得利。前朝田蚡、窦婴等外戚地位尊贵、恣意妄为,最后招致灭门之灾。先帝对外戚严加防范,目的是不让外戚占据高官显位。我既然是一国之母,穿衣不求华丽,饮食不求精美,我身边的人也穿粗布衣服,更别说佩戴首饰了。我这样做无非是想要做个表率,没想到外戚们不但不反省自律,反而嘲笑我太简朴。上次在濯龙园,向我问安的外戚络绎不绝,他们的奴才穿着非常华丽,远远超过我的侍者。我没有责怪他们,只是断了他们一年的俸禄,希望他们能幡然醒悟,但是他们仍然不思悔改。知臣莫如君,更何况是家人。所以说,我上不能违背先帝的旨意,下不能有损前人的美德,重蹈西汉灭亡之路。"三小姐这番话直接将大臣的请求驳回了。章帝看到这道诏书之后难过起来,他对三小姐说:"国舅封侯,这是自古以来的惯例,太后谨慎固然是好,可是我想要向三个舅舅表达心意有什么不对呢?大舅年事已高,二舅、三舅此时都身患重病,日后若有意外,我会留下遗憾的。"

即便这样,三小姐仍然坚持说:"马氏一族并没有对国家做出什么大事,不能与阴皇后等中兴之后相比。那些贵族之家,居于高位,往往因此招致祸端。如今你三位舅舅衣食无忧,不必再给他们封赏了。"于是,章帝才放弃了加封舅舅的念头。

马皇后约束外戚

章帝执掌朝政期间,朝廷没有外戚之祸,是因为三小姐对马氏外戚的约束。虽然史书对三小姐并没有特别多的记载,在后代看来她也没有很大的作为,但她扶持章帝开创了一代盛世,实在是贤德之后。

> **小知识**
> 　　马皇后为明帝刘庄编撰的《显宗起居注》,是历史上最早专门记录皇帝日常言行的著作,为后世开创了"起居注"这一新的史书体例,她因此被称为中国第一位女史家。

开外戚专权之先河
——窦太后横刀夺爱

窦皇后是郭圣通的曾外孙女。这位窦皇后当了太后之后,直接将汉皇室带入了外戚专权的道路。

当年马太后为了限制外戚的权力,即使章帝明确表示希望马太后能摄政,马太后也坚持拒绝。不仅如此,马太后为了表示自己无心于政治,每天都把时间花在替皇帝选妃的事情上。马太后给章帝选了很多世家女子,只盼着能儿孙满堂。

章帝虽然面对一群容色娇艳的女子,只对其中几位格外宠爱。这里面就有郭圣通长子刘强之女沘阳公主的两个女儿大小窦氏。

大窦氏入宫之后,因为姿容艳丽,很快就得到了章帝的宠爱。又因家世显赫,大窦氏顺理成章地被册封为皇后。

章帝并不是独宠大小窦氏,在后宫中,还有大小梁氏和大小宋氏这两对姐妹分担了章帝的宠爱。虽然大窦氏此时已经贵为皇后,是六宫之主,但对于她来说,最致命的是她始终没有为章帝生过孩子。不但大窦氏没有生育,连小窦氏也没有子嗣。膝下无子的窦皇后深知,没有儿子对于自己来说意味着什么。就在这时,大宋贵人为章帝生下了第一个儿子,紧接着小梁贵人也为章帝生下了皇子。这下窦皇后有了危机感。

就在窦皇后想尽办法在章帝面前争宠的时候,急于立皇储的章帝将长子立为了太子。这对窦皇后来说简直是巨大的打击。大宋贵人生了皇子刘庆,母凭子贵,更加被章帝宠爱。目睹这窦皇后的危机感是前所未有的强烈。

面对这一事实窦皇后必须采取反击策略。于是,窦皇后连同妹妹小窦氏以及沘阳公主终日在章帝耳边编造大宋贵人的坏话。章帝听多了,便渐渐疏远大宋贵人。虽然章帝对大宋贵人不再像从前那般宠爱,但马太后对大宋贵人还是青睐有加。

窦皇后知道章帝对马太后孝顺,她生怕哪天因马太后的关系章帝重新宠爱起大宋贵人。这次,窦皇后转而从另一条路对大宋贵人发动进攻。

窦皇后仗着自己的皇后身份,先是跑去和章帝哭诉自己没有儿子,接着表示希望能抚养小梁贵人的儿子。按照旧制，皇后没有生育而抱养其他妃嫔的儿子是很正常的。于是，章帝便答应了窦皇后的请求。

窦皇后有了属于自己的儿子，就有实力和大宋贵人争宠了。不过，窦皇后担心含辛茹苦养大的儿子长大以后仍然和生母小梁贵人亲近，就索性断了儿子将来认母的后路——买通宫人将小梁贵人毒死了。

此时，大宋贵人所生的长子刘庆仍然身为太子。窦皇后认为如果章帝驾崩后，刘庆即位，大宋贵人必定容不下自己。于是，窦皇后又想出了一条毒计，希望能借此将大宋贵人直接扳倒。

有了小梁贵人被毒死的先例，试想这个被窦皇后当成敌人的大宋贵人的下场，自然不会比小梁贵人更好。果然，窦皇后捏造了巫蛊诅咒事件，把矛头直接指向大宋贵人。

面对窦皇后的诬陷，大宋贵人想为自己申辩的机会都没有，因为此时她身边的宫人都已经被窦皇后买通，而能够庇护大宋贵人的马太后此时也已经去世。最后，大宋贵人在太监蔡伦的拷问下，无奈服毒自尽了。

大宋贵人死后，太子刘庆也不再受到章帝的疼爱。没过多久，章帝就将刘庆的太子之位废了，改立窦皇后抚养的儿子刘肇为太子。

已经成为最大赢家的窦皇后仍然不肯收手，除掉了宋氏姐妹之后，她又开始对梁氏姐妹动手。等到窦皇后将和自己争过宠的女子及其家人都陷害下狱之后，又想到马太后的娘家仍然很有地位。于是，窦皇后接着开始处置马氏的亲属。虽然马太后的家人没有像宋、梁两家那样凄惨，却也因此家道中落。至此，朝廷里的外戚集团只剩下窦氏一族了。

不久，章帝病死，刘肇即位，窦皇后自然成为当朝太后，开始了窦氏外戚的霸权统治。

> **小 知 识**
>
> 窦太后刚去世，还没有来得及埋葬，群臣就上奏说窦太后生前做了很多错事，不适合与章帝合葬。
>
> 和帝下诏说："窦氏虽不遵守法度，而太后常自减损。我侍奉十年，深深地考虑大的原则，在礼方面，臣子没有贬低尊上的记载。有恩德不忍离析，有仁义不忍亏待。前世上官太后的父亲和燕王谋反被诛，太后年少，又是霍光外孙，也没有受到降黜，大家不要再议论了。"由此，窦太后才得以与章帝合葬于敬陵。

都是嫉妒惹的祸
——阴皇后巫蛊之祸

当年随着窦太后掌权的还有一群窦氏外戚,年幼的和帝只能过着有名无实的傀儡皇帝生活。但在和帝 14 岁那年,他却奇迹般地将政权从窦氏一族手中夺了回来。这时,得以亲政的和帝开始忙着为自己选老婆,他看中了阴丽华大哥阴识的曾孙女阴氏。

有家族背景作后盾的阴氏入宫以后,很受和帝宠爱,很快就从贵人升为皇后。

就在阴氏春风得意的时候,宫里来了一个门第同样很高的邓绥。邓绥的出场,可谓惊艳后宫。史书里对邓绥有这样的描写:"姿颜姝丽,绝异于众,左右皆惊。"不过,邓绥可不只是美貌出众,比起知书达理的阴皇后,邓绥还多了份才学。

邓绥入宫之后,凭着天生的容貌和后天习得的才学,立刻将和帝从阴皇后的身边抢走了。

和帝对邓绥的宠爱日盛一日,这就打翻了阴皇后的醋坛子了。

阴皇后对邓绥嫉妒得要命,却没有办法挑拨邓绥与和帝的关系,这就更让阴皇后更讨厌邓绥了。邓绥不仅被和帝宠爱有加,就连后宫中的人也都被她的人格魅力感染,他们对邓绥的评价普遍高于喜欢斤斤计较的阴皇后。

不过,无论阴皇后和邓绥争得多么激烈,两人都没有生育却是不争的事实。这件事无疑对阴皇后有很大的好处。假如哪天和帝驾崩了,阴皇后就会升为太后,这样一来,无论过去邓绥有多么得宠,也都会成为阴皇后的俎上之鱼。

说来也巧,和帝突然生了一场大病,这让阴皇后的前途立刻明朗了起来。邓绥很清楚自己的处境,她心知如果和帝没能逃过这场大病,那么阴皇后继了太后之位,必然要对付自己。每当想起前朝吕太后对付戚夫人的事情,邓绥就感到害怕。为了避免日后连累邓氏族人,邓绥在和帝病榻前抹着鼻涕眼泪表示,如果和帝不幸去世,自己也要以身相殉。

谁知老天庇佑邓绥,和帝在床上躺了半个月,病痊愈了。这个时候,如果阴皇后能耐住性子继续等,还是有机会的。

然而,当和帝奇迹般地痊愈后,平日被邓绥厚待、被阴皇后虐待的宫人们便把和帝昏迷时的情况告诉他。单是说邓绥如何情真意切，阴皇后如何薄情阴险还不算，宫人们还要把自己的个人情绪投进去，添油加醋地放大这两个女人的真情与假意。

这件事被阴皇后得知后，怒火中烧。她知道，和帝已经离自己越来越远了，这样下去很可能某天自己的皇后之位也会被废黜了。

想到这里，阴皇后再也忍受不了了。她趁着外祖母来宫中探望自己的时候，向外祖母透露了自己的想法。一桩巫蛊案即将发生。

不过，想要以巫蛊整治邓绥的阴皇后并没有得逞。在阴皇后丧心病狂地研究巫蛊，希望能借此整死邓绥期间，她身边的宫女偷偷地告了密。古代宫廷对巫蛊的忌讳据武帝时期戾太子刘据事件足以证明，此时阴皇后身为国母却偷偷研究巫蛊害人，和帝再也不能容忍阴皇后继续胡作非为了。

阴皇后背后的阴氏一族非但保护不了她，还因此被拖下了水。

最后，因为搞巫蛊被人告发而弄得家破人亡，阴皇后孤独地在冷宫中绝食而亡。阴皇后倒台以后，邓绥便接替了皇后之位。后来，和帝病逝，升为太后的邓绥开启了长达十五年的执政之路。

小知识

范晔在《后汉书》中评价阴皇后"后少聪慧，善书艺"，司马彪在《续汉书》中也评其为"后为人聪惠，有才能"，可见阴皇后实际上是很有才华的。可惜她因为吃醋断送了自己的前程和性命，还把整个家族都牵扯进去。

"灰姑娘"成长记
——邓太后的逆袭

说邓太后是灰姑娘,可能有点不妥,毕竟她出身名门。她的祖父是为光武皇帝刘秀"图天下策"的开国重臣,是在"云台二十八将"中排名第一位的邓禹。

邓太后既然有如此显赫的出身,被送进皇宫也是正常不过的事情。出身名门的女子注定要和皇帝结亲,以求稳固双方势力,这却为邓太后带来了一段幸福、和谐的婚姻。

说起邓太后的幸福生活,还要先说说年少时期的邓太后有多么与众不同。

以邓氏的显赫地位,在家风上自然会有严格的正统教育,亲人之间往往因为各种礼仪,彼此间变得拘束。邓太后的父亲邓训正是带有在大家族环境中形成的威严的典型。邓太后的兄长每次见到父亲那张时常板着的脸,就感到十分不自在,而邓训本人对孩子们也极少露出笑容。唯独对小女儿邓绥,邓训总是会露出与众不同的慈爱。

按理说,在大家族里,生为女儿身的邓绥受重视的程度应该比不上她的哥哥们,毕竟古代重男轻女的思想尤为严重,特别是对于那些世代相传的贵族来说。但邓绥自幼却受到父亲独一无二的偏爱。

当然,邓训不是平白无故地疼爱小女儿邓绥的。邓绥在年幼的时候很受祖母的喜爱,祖母经常亲自为她剪头发。可是老人家年纪大了眼力不好,很容易用剪刀戳伤邓绥,每次邓绥被剪刀刺伤,她都是默默地忍着。她的侍女们看到幼小的邓绥忍着疼痛,就问她:"难道就不觉得疼吗?"邓绥却说:"当然疼啦,可是太夫人是因为宠爱我才愿意为我剪头发的,如果我喊疼就会伤了太夫人的心。"这时候的邓绥刚满5岁,却已经如此体贴懂事,也难怪招人喜爱。

后来,邓绥到了读书的年纪,在家中凡是能见到的书她都会拿过来仔细研读。一个女孩子每天把时间用在读书上,这引来了母亲的不满。她对邓绥说:"你不认真学习女红,反而整天读书,难道将来想做博士?"邓绥自然不可能做博士。面对母亲的话,邓绥并没有生气,为了让母亲开心,此后她每天都用心学习女红,直到夜里才会燃起灯烛读书。

邓绥白天学女红，晚上读书，这件事被她的父亲邓训知道了，他认定这个女儿将来会比儿子们都出色，因此对邓绥更加疼爱。

公元92年，12岁的邓绥被选进宫中。就在她临入宫之前，父亲邓训病逝了。往日最疼爱自己的父亲去世了，邓绥再也顾不得入宫的事情，她选择为父亲守孝三年，不吃盐菜，只吃米饭。

邓太后戒饬宗族

转眼三年过去，此时邓绥已经15岁了。当她脱下守孝的衣服，家人立即为她安排了入宫的事宜。就这样，邓绥终于来到了和帝的身边。

起初邓绥在和帝身边并不能自由自在地享受恩泽，因为在她入宫前皇帝身边已经有了一个阴皇后。邓绥的到来使阴皇后变成了旧人，她因此遭到了阴皇后的嫉妒和迫害。

好在邓绥凭着自己宽厚仁慈的性格在宫中赢得了好人缘，也因此使她化险为夷。阴皇后迫害邓绥的事情败露后，皇后之位被废，而邓绥则从贵人之位被加封到皇后的位置。

后来，和帝去世，年轻的邓绥成为太后。

小知识

邓禹生前曾感叹地说："我统帅百万之众，从来没有乱杀过一个人，我的后代必定有发达的。"邓绥的发迹，验证了这一点。

到底是亲哥哥
——梁太后与她的外戚集团

公元128年，年仅13岁的梁妠被选入宫中。梁妠原本就出身高贵、相貌出众的，而在入宫这年又得到了宫中一位面相师的帮助，这奠定了她在后宫的地位。

事情的原委大致是这样的：当时刚入宫不久的梁妠在后宫闲逛，走着走着碰到了一个叫茅通的人。茅通一见到梁妠，顿时呆住了，整个人站在原地无法动弹。梁妠不明所以，还以为是茅通有什么问题。过了好半天，只见缓过神来的茅通情绪激动地对梁妠说："娘娘日后必定大富大贵。"

梁妠觉得这个人是在拍自己的马屁，并没当回事。谁知后来在见到顺帝时，她再次看到了茅通。

茅通是宫中极有名的面相师，他的职责就是看宫中哪个女子面相好能旺夫。茅通这次见到梁妠，还是感到惊奇。他指着梁妠对顺帝说："此女是极为富贵之相，这是我有生以来第一次见到啊！"有茅通在一旁为梁妠美化形象，顺帝对梁妠的印象自然好得不得了。

此后，每当顺帝见到梁妠，都是怎么看怎么好，反正挑不出一点儿瑕疵。加上梁妠本人性格敦厚，温婉可人，顺帝更加十分宠爱。

所谓一人得道，鸡犬升天。

随着梁妠受宠的还有她的父亲和哥哥。其实要说起梁妠的父亲梁商，为人也算是正直。可是梁妠的哥哥梁冀，无论是人品还是性格，和他的父亲、妹妹相比，差得远了。

后来，梁妠在顺帝的盛宠下毫无意外地被封为皇后，梁氏外戚的势力也因此快速崛起。等到梁商和顺帝相继去世之后，梁妠和凭着妹妹的关系升至大将军的梁冀成了站在权力最顶端的两个人。

顺帝刚过世的时候，当了12年皇后的梁妠晋升为太后，此时新帝年幼，只能由太后临朝称制。在过去当皇后的日子里，梁妠素来以贤德聪慧著称。梁妠掌朝，实际上是被赋予很高期望的。

然而，梁妠虽有才华，但比起之前的邓太后却差了许多，朝廷并没有像群臣预期的那般显现出新的气象。相反地,在梁妠的纵容下,梁冀成了朝廷中最嚣张跋扈的恶人。

在梁妠执政初期,太尉李固上书指出梁冀的过错,请求梁妠加以惩治,以匡正朝纲。可梁妠根本无法约束自己的娘家人。

李固要梁妠管束自家人,这个要求对于梁妠来说着实有点过分。即便梁冀为非作歹,毕竟还是自己的亲哥哥,所谓长兄如父,梁妠对于这个哥哥纵有不满也不至于惩罚。

就这样,梁妠婉拒了李固的请求。梁冀知道后,更加倚仗自己的外戚身份胡作非为。此后,梁冀所作所为一天比一天过分,诛杀忠良,荒淫无度。

虽然说兄妹情深,但梁妠为亲情付出的代价却是整个东汉王朝的日渐衰亡。

小知识

据说梁妠出生之时,屋内曾闪现一道红光,家人因此认为她此后必定富贵。后来,在梁妠入宫时,有面相师称其为"日角偃月,极贵之相"。此后,果然梁妠无论做什么事情都是一帆风顺。

给女人定规矩的女人
——班昭与《女诫》

班昭的父亲是史学家班彪，大哥是《汉书》作者班固，二哥是名震西域的班超。班氏一族，可谓满门英才。既然有如此优越的家学，班昭自然也不会逊色。

班昭年幼时，父亲班彪和大哥班固已经在史学界有了一定的地位。在良好文化的熏陶下，小小年纪的班昭开始阅读经史子集。在班昭成年后，她已经成为精通历史、天文、地理的全能才女。

才女班昭终归是要嫁人的。在她14岁这年，班彪为女儿定了一门亲事：嫁给同郡曹世叔为妻。班彪对于女儿的婚事十分用心，千挑万选的曹世叔不但人品好、学问高，对班昭也十分疼爱。班昭成亲之后，与曹世叔琴瑟和鸣，过着美满和谐的生活。没过多久，班昭就为曹世叔生了一个儿子。可是好景不长，正值壮年的曹世叔突然过世了，留下班昭与牙牙学语的儿子相依为命。孤儿寡母，想要在男权社会中生活着实不易。

班昭毕竟优秀，依旧有很多名门子弟来向她提亲，而班昭都一一拒绝了。就这样，班昭带着对亡夫的缅怀，独自抚养儿子。直到她70岁去世，终其一生没有再嫁。

失去家庭作为避风港的班昭此时只能自己开创事业。而这时，班昭的父兄班彪、大哥班固相继去世，二哥班超此时人在西域，根本无法照顾她。陷入困境的班昭决心振作起来完成大哥的遗愿。

《汉书》是班固一生的心血，可是在他刚刚完成主要部分时，因"窦宪案"受到牵连被关进了大牢，随后死在狱中。班昭此时要做的就是继续写《汉书》，替大哥完成遗愿。

班昭画像

扶风班昭，名门才女，这是人尽皆知的事情。但班昭的才华到底如何，一直以来，她都没有机会显露。当班昭决定续修《汉书》这件事被和帝得知后，和帝特别恩准她可以随意出入皇家图书馆东观藏书阁阅览文献。经过不懈的努力，班昭终于将《汉书》所缺的《八表》和《天文志》补全了。在班氏兄妹二人的合作下，中国第一部断代史——《汉书》出世了。

《汉书》的出世，令班昭扬名天下。由于《汉书》里记载了很多古字，世人难以理解，因此许多有识之士都请求跟随班昭学习，就连当时的大学者马融，也曾跪于东观藏书阁外听班昭讲学。不仅如此，班昭由于才德兼备，还被皇后和妃嫔们请去做老师。

班昭很早就失去了丈夫，所以她更加注意规范自己的言行，同时也为了让班家的女儿们嫁到夫家都恭良贤淑，恪守妇道，她编写了《女诫》一书。在这本书中，她仔细讲解了女人一生要谨记的各种事，包括夫妇、敬慎、妇行、专心等。完成这本书时，她已年逾古稀。

班昭编写《女诫》原本是想以此教导班氏家族的女孩子，后来流传到民间，不仅成了当时的畅销书，更被视为中国妇女守则，影响长达千年之久。

小知识

当班昭高龄去世时，就连皇太后都为此难过，亲自穿着素服吊唁她，还下诏为她举行国葬，可见班昭在当时的影响力之大。班昭提倡"三从四德"，更强调男尊女卑的顺从思想。《女诫》一书，在一定程度上也禁锢了中国古代妇女的思想和自由。

不爱华服爱穷郎
——桓少君简朴从夫

按照今天的眼光来看,以桓少君的出身和容貌,她绝对算得上是标准的完美女人,因而不缺少仰慕者。而在众多追求者中,桓少君唯独看中了渤海郡鲍宣。

鲍宣既不是世家公子,也不是富家少爷,他只是一个穷书生,他当时拜在桓少君父亲的门下。当时鲍宣和桓少君都是情窦初开的年纪,桓少君在府中总是能看到勤奋好学的鲍宣,而鲍宣又仪表堂堂,胸怀大志,因此打动了桓少君的芳心。

想来鲍宣这个学生很受桓少君父亲的青睐。当他看到桓少君总是有意无意地出现在鲍宣身边时,便一眼看破了女儿的心思。好在她父亲没有门第的偏见,既然两人情投意合,而且鲍宣人品和才学都不错,桓少君的父亲索性就替二人定下了婚约。

鲍宣本是贫苦家庭出身,虽然受到桓少君父亲的提携,但经济状况不是一时间就能够改变的。

桓少君要过门时,他的父亲担心自己百般疼爱的女儿会过苦日子,就给她准备了一份极为丰厚的嫁妆。丰厚到什么程度?差不多可以养活鲍宣和桓少君大半辈子。

桓少君父亲没有看不起鲍宣的意思,不然也不会心甘情愿把女儿嫁给他。可是鲍宣毕竟是七尺男儿,自己娶老婆,却还要靠妻子娘家的恩惠过日子。虽说这不过是老岳父对女儿的一番心意,可是鲍宣心里总觉得有点儿不是滋味。

鲍宣毕竟不敢对自己的老师表现出不满,于是只能朝自己的未婚妻桓少君发泄:"桓少君小姐,你生来就是富贵娇惯,习惯了锦衣玉食的生活,而我出生于贫苦之家,实在不敢接受你父亲如此的厚礼,更担心养不起你这样尊贵的大小姐。"

显然,憋着一肚子不满的鲍宣是有气无处发。无辜被鲍宣奚落的桓少君非但没生气,反而温和地对鲍宣说:"家父看中的是你的人品、修养和志向,所以才会同意你我的婚事,让我来侍奉你的起居饮食。我既然愿意嫁给你,自然会一切听从你的安排。嫁鸡随鸡嫁狗随狗,无论贫富贵贱我都会和你一起过。"鲍宣一听,气也消了,人也笑了,对桓少君说:"你能有这样的想法,实在是太合我的心意了!"

就在桓少君出嫁这天,她将父亲为自己准备的陪嫁侍女、绫罗绸缎和一大堆金玉饰品全都留在了家中,无论他人怎么劝她也不肯带到婆家。

接着,桓少君又回到自己的闺房,将绣着金丝银线的嫁衣脱了下来,换上了民女打扮的粗布短袄,与丈夫鲍宣一起回到鲍家。桓少君进入鲍宣家门时,看到自己的婆婆,先是恭敬地行了礼,然后就提起瓦罐出门打水去了。

桓少君的所作所为,全都被村里人看在眼中,他们没有一个不称赞桓少君勤劳、善良的。不到一个月,这个从城里嫁过来的富家小姐就赢得了贤良淑德的好名声。

鲍宣也没辜负桓少君对自己的付出和期望,他后来升任为司隶校尉,而两人所生的儿子鲍永,以及孙子鲍昱后来分别当上了丞相和太尉。

小知识

鲍永尤其孝顺自己的母亲,他的妻子曾当着桓少君的面"叱狗",鲍永知道后就立即把妻子给赶走了。

鲍永的儿子鲍昱有一次问桓少君:"奶奶是否还记得拉小车时的情景?"桓少君回答:"我去世的婆婆说过:'活着的时候不能忘记死亡,平安的时候不能忘记危险。'我怎敢忘记呢!"

"丑女"也有春天
——孟光人丑心不丑

东汉初期,在扶风地区有户孟姓人家,虽然多年经商存下了不少钱,但孟家的独生女却始终嫁不出去。倒不是因为别的,只是因为这位孟小姐长得太丑。

孟小姐全名孟光,虽有金钗华服裹身,但她那粗粗的眉毛,又矮又壮的身材,加上黝黑的肤色,怎么看怎么丑。

孟光到了婚配的年纪,上门提亲的人基本上都是贪图孟家家业的不良之辈,并不是对孟光本人有好感。当然,孟光也看不起这些贪图钱财的求婚者。孟光的父母一直为女儿的婚事着急,转眼间孟光都快30岁了,却还嫁不出去。

这天,孟光的母亲终于忍不下去了,问女儿:"你到底想要嫁个什么样的人?"

孟光回答得很干脆:"要像梁鸿那样的贤才。"

孟光的母亲顿时无奈了,要知道梁鸿可是当时名满天下的贤士,多少名门千金都巴望着能嫁给他。一个没好相貌的孟光,想要嫁给梁鸿,简直是痴人说梦。

乡邻们知道后也当成取笑孟光的玩笑话,四处传说。这件事传来传去不知怎么就传到了梁鸿的耳朵里。

于是,梁鸿做了一个令天下人吃惊的决定:向孟光求婚。

自古才子配佳人,以孟光之丑能使著名的才子亲自下聘求婚,这件事对百姓们来说简直难以理解。当梁鸿请人去孟家提出婚约时,孟光的父母即刻答应,生怕慢了梁鸿反悔。

"丑小鸭"孟光没有变成白天鹅,却比灰姑娘还幸运地找到了梁鸿这个才子。

然而,在梁鸿和孟光成亲后的前七天里,孟光的婚姻并不是很幸福。

原来,孟光刚嫁给梁鸿时,每天都打扮得花枝招展,浑身上下珠光宝气,十足的贵族气派。梁鸿见到妻子如此奢靡铺张,一连七天都没有理睬孟光。到了第八天早上,孟光走到梁鸿面前,向他询问冷落自己的原因。

梁鸿叹息道:"我一直希望自己的妻子能够随我归隐山林,同甘共苦,而你却贪图享受,涂脂抹粉,锦衣玉服,只希望像贵妇人那样生活。这不是我理想中的妻子。"

梁鸿本来对孟光很失望,还很沮丧,谁知孟光却笑了。

这时,孟光对梁鸿说:"我这几天故意穿金戴银,大肆打扮,只不过是想考验一下夫君。看看夫君是不是我理想中的贤才。其实我早已准备好了耕作的麻衣和用品。"说罢,孟光就将头发卷起,换上了粗布麻衣,动手织起布来。

梁鸿看着孟光,心中惊喜,连忙走到她身边说:"你是我梁鸿真正的妻子!"

此后,孟光和梁鸿过起了恩爱和睦、男耕女织的日子。

明代画家陈洪绶所画的《举案齐眉图》

小知识

相传,梁鸿每次回家,孟光都会准备好餐具和饭菜,并且将盛饭的托盘举得跟眉毛一样高,以表示对丈夫的敬重。从此,"举案齐眉"这个成语就用来形容夫妻恩爱,互相敬重。

要钱不要命
——董太后的敛财之路

董太后算是一位较为特殊的人物,她的丈夫不是皇帝,只是一个地方藩王。在庞大的皇室集团里,董太后的丈夫最多只能算是三等侯爵,而董太后的出身也实在不值得一提。

在东汉历史上,因为很多皇后都没有生育,加上皇帝早逝,年轻太后临朝之后自然要找一个能够驾驭的皇室子弟继承皇位。一来是维护自己的统治,二来也是保证刘氏血脉的传承。

阴差阳错,董太后刚满三岁的儿子刘宏当上了皇帝。即便董太后是皇帝的生母,在窦氏外戚的霸权下,她并不能母凭子贵,仍然过着和过去一样的生活,只是在儿子长大后她才被封为慎园贵人。

到了公元168年,董太后的人生开始出现了逆转。这年,发生了一场宫廷政变,最后以窦氏外戚被铲除而告终。

汉灵帝刘宏在宦官的帮助下夺回大权,他终于可以行使皇帝的权力了。既然这样,董太后这个亲娘也能够入宫和儿子团聚了。公元169年,董太后被灵帝刘宏接到了京城。一起来洛阳的还有董太后的哥哥董宠和侄子董重。

董太后虽然进了皇宫,但只要窦太后没死,她就无法享受皇太后的权力,更不能拥有皇太后的封号。窦太后是先帝明媒正娶的妻子,而董太后只是一个藩妃,这种滋味令她并不好受。

终于,公元172年,窦太后去世了。千盼万盼,董太后终于名正言顺地被称为"董太后"了。对于董太后来说,儿子能当上皇帝,自己能成为太后,这是千载难逢的机遇。她虽然没有贪恋权力,没有纵容外戚,但是在敛财方面却贪得无厌。这时已经成年的刘宏没有表现出对朝政有兴趣,对他有吸引力的可能只有女人。

就这样,东汉王朝出现了"太后贪财,皇帝好色"的怪现象。

自古被钱财迷惑的达官贵人不在少数,而太后贪污还是头一遭。很显然,董太后不能满足天下钱财堆在国库,也不满意朝廷给官员们发工资。但制度毕竟在,董太后是改变不了的。于是,她想出了新的赚钱之道——卖官。这时,朝廷开始公开出价拍卖官职,董太后只管在宫里数钱。等到数不过来时,就把金子都堆在一间屋里,直到屋子被堆得满满的,她才稍微感到满意。

董太后视财如命,就在她专心守着自己的财产时,却忘了和儿媳妇何皇后打好关系。在立皇子的问题上,董太后彻底得罪了何皇后。

刘宏去世后,没了皇帝儿子做靠山的董太后,再也没办法贪污了。

董太后当了几年皇太后,养成了颐指气使的毛病,这激怒了何皇后。于是,何皇后指使哥哥何进联合三公上书道:"董太后原本只是藩妃,不适合一直待在宫里,应该回到自己的封地。"就这样,董太后又被打回了原形。

小知识

范晔在《后汉书》中评论:"始与朝政,使帝卖官求货,自纳金钱,盈满堂室。"董太后对钱财的欲望,已经到了不可理喻的地步。不过在历史上素来都是太后弄权,而董太后不爱权,唯独对钱财有兴趣,这是少见的。

被抢去做老婆
——蔡文姬的三次婚姻

俗话说"自古红颜多薄命",像蔡文姬这样才貌双全的世家小姐,虽不能说她命薄,但在乱世中,这样一位女子想要保全自己却也并不容易。她的一生中,十二年的婚姻生活是蔡文姬既不舍也痛恨的。然而,在那个年代,无论月老为蔡文姬安排了什么样的姻缘,对于她来说,都只能承受。

受到家学的影响,蔡文姬文学底子十分深厚。而说到才女蔡文姬的感情生活,只能用坎坷来形容了。

她的一生经历过三段婚姻,第一任丈夫卫仲道仿佛流星般在她的生命中划过,留下蔡文姬一个人孤苦无依。

守寡后,蔡文姬还没开始考虑自己今后的婚姻问题,就遇上了乱世。

天下一乱,这位出身于文豪世家的才女加美女成了南匈奴左贤王垂涎的对象,最后被他抢走了。

蔡文姬初到南匈奴时,人生地不熟,吃不惯也睡不好,可是她哪里还有希望回到汉朝。无奈之下,除了向左贤王妥协以外,蔡文姬别无选择。

左贤王在蔡文姬的生命里占据了十二年的时间,这是蔡文姬最年轻貌美的时期,在这期间她为左贤王生了两个儿子。可是被迫流落异邦的蔡文姬始终没有把左贤王当作自己的夫君,这段婚姻中夫妻二人的感情始终似有若无。蔡文姬不快乐,左贤王没有真正取得她的欢心。

蔡文姬的生命里有一个贵人,就是大名鼎鼎的曹操。原来,曹操过去和蔡文姬的父亲蔡邕私交甚好,得知故人的女儿流落在异邦被迫为人妻,曹操当即拿出重金和左贤王做一笔交易。面对金钱的诱惑,左贤王虽然很不情愿,但想到曹操在中原地区的势力,还是答应了将蔡文姬送回汉朝。

蔡文姬终于有机会回到故乡了,但她所生的两个儿子却被要求必须留下。毕竟是母亲,一边是曹操重金替她赎回的自由,一边是自己所生的亲生骨肉,蔡文姬为难了。几经犹豫,她做出回归故国的决定。想到即将与亲生骨肉两地分离,蔡文姬的心情万分悲痛。

蔡文姬回到中原后,时常想到留在南匈奴的两个孩子,便沉浸在对儿子们的思念中。正因如此,蔡文姬写下了著名的《胡笳十八拍》。

蔡文姬既然选择回到中原,她就要面对新的生活。这时,曹操看到孤身一人的蔡文姬在乱世中无依无靠,秉持着"帮人帮到底"的原则,亲自当了媒人,安排蔡文姬和同乡董祀相亲。

而这个董祀,也因此成为蔡文姬的第三任丈夫。

《文姬归汉》

小知识

曹操曾问蔡文姬:"听说你家藏有很多古籍,现在还在吗?"蔡文姬说:"当初父亲留给我的书籍有四千余卷,但因为战乱,保存下来的很少,现在我能记下来的,只有四百余篇。"曹操说:"我派十个人陪夫人默写下来,如何?"蔡文姬说:"男女授受不亲,给我纸笔,我自己写给你。"于是,蔡文姬将自己所记下的古籍内容写下来送给曹操,丝毫没有错误。

再婚不如要我命
——皇甫规妻大骂董卓惨被杀

在以男人为主导的中国古代社会里,一些女性人物闪耀其中,她们有些是巾帼英雄,有些才貌出众,有些贞节刚烈。总而言之,这些女子的存在,以及她们为后世留下的故事,不仅为中国古代史增添了一抹柔情,也为现代女性树立了榜样。皇甫规的妻子正是这样一位女子。

东汉末期,奸臣当道,人人自危,皇甫规的妻子以自己的忠贞大义捍卫了世间正义,也捍卫了自己对亡夫的承诺。

当时,东汉朝廷已经完全沦为董卓的政治玩物,而像皇甫规这样坚持正义且敢于发起对抗的大臣少之又少。皇甫规虽然在朝廷里很不顺心,但是他在家中却有个贤内助,这对皇甫规来说也算是一种安慰。

皇甫规的妻子,具体何名何姓,我们已经无法得知。相传,这个女子不仅写得一手好字,更擅长吟诗写文章。当皇甫规需要写些往来的书牍时,他的妻子经常代笔。夫妻二人在摇摇欲坠的乱世里也算自有琴瑟和鸣之乐。

然而,像皇甫规这样有影响力又为人正直的大臣在朝廷当政,对大奸臣董卓来说势必无法容忍。就这样,皇甫规和妻子平静的日子在董卓的干预下再也无法继续下去了。

党锢之祸令皇甫规对朝廷十分失望,他萌生隐退的想法,但是没被允许。此时皇甫规年纪已经很大了,多年对朝廷的奉献,使他再也支撑不下去了。公元174年,皇甫规因病去世。

皇甫规刚刚过世,董卓垂涎他妻子容貌娇艳,就用一百乘有帷盖的车子、二十匹马作为聘礼,想要娶她过门。不仅如此,董卓还将钱币和布帛铺满了道路,以表示自己的诚意。皇甫规妻子新寡就碰到奸臣董卓来骚扰,自然很不开心,于是穿着便服来到了董卓的府上。

皇甫规的妻子见到董卓之后立刻下跪,接着陈述自己对亡夫皇甫规的忠贞之情。可是董卓哪里会体谅,反而命令身边的侍卫拔出佩刀威胁她说:"以我的声威,既然下令就没有人敢不从,难道你一个妇道人家还想抵抗?"

此时,面对专横的董卓,皇甫规的妻子感到万念俱灰,她当即站起来痛骂董卓:"你不过是羌胡的野种,毒害天下难道还不够吗?我的祖先是有德行的,我的夫君能文能武,是栋梁之材。你不过是给朝廷打杂的伙计,现在竟然敢对你主子的夫人行非礼之事,简直是禽兽不如!"

　　董卓被皇甫规的妻子这么一骂,火冒三丈,直接命手下将皇甫规妻子的头吊在车辕脚横木上,然后派侍从对皇甫规的妻子施加棍棒。

　　面对如此忠贞烈女,董卓的手下无论怎么助纣为虐此刻也不忍下手,而皇甫规的妻子却对手拿棍棒的人说:"你们下手重些,让我能早点死掉,才是对我的体恤和恩惠。"

　　最后,皇甫规的妻子死在董卓的棍棒之下。她的事迹流传出来以后,有人为她画了一幅画像,并将她称为"礼宗",以示对她的敬意。

> **小知识**
>
> 　　《后汉书·列女传》中记载:"皇甫规妻,扶风马氏女,规继室也。善属文。董卓聘之,夫人不屈,卓杀之。"虽短短数语,却真实道出了皇甫规妻子的刚烈。

半途而废可不行
——乐羊子妻的人格魅力

乐羊子妻,别说是名字,就连姓氏都没给后世留下。这样一个无名无姓的女子,却在史书上留下了不可磨灭的印记。

乐羊子和妻子成婚不久,有一次,他在路上发现一锭金子,就高兴地拿着金子回到了家。

当乐羊子把金子递到妻子手里时,却被妻子当头训斥了一番。乐羊子的妻子没问金子的由来,但知道不是乐羊子自己赚来的,于是对他说:"我听说有志气的人不会喝'盗泉'里的水,清正廉洁的人也从不会接受他人傲慢侮辱的施舍,难道你要用这锭金子来损坏你的德行吗?"乐羊子被妻子这么一说,感觉十分羞愧,就将金子给了乡邻,远走游学去了。

可是,独自在外求学的乐羊子除了需要忍受异乡的孤独,还要忍受对妻子的想念。在乐羊子外出一年后的某一天,他的妻子发现丈夫突然回来了。夫妻一别就是整整一年,妻子见到乐羊子回到家中,立刻询问他回家的原因。乐羊子回答说:"没有什么事情,只不过在外面久了,很想念家人。"妻子听到后,直接走到织布机前,拿起剪刀对着刚刚织好的布匹,然后对乐羊子说:"这些布都是蚕一点点吐出的丝,经过一根根丝积累在一起,最后才得以织成的。如果现在我将这些线割断,那么这匹布将永远不能织成,这就等于是前功尽弃。你积累学问,却像切断的丝织品一样中途放弃,那么,你将如何成就自己的美德呢?"

乐羊子听了妻子的话,心里异常感动,再一次离家求学了。

这一次乐羊子一走就是七年,其间无论遇到什么困难,乐羊子都坚持着克服了。

在乐羊子求学期间,家里还发生过一件事情:

当时,乐羊子一家只靠妻子一人操持家务,日子自然过得不好。

有一天,邻居家的鸡跑到了乐羊子家的院子里,乐羊子的老母亲看到后,偷偷抓来杀掉并煮了一锅鸡肉。晚饭的时候,乐羊子的妻子看到桌子上的鸡肉不但不吃,反而哭了起来。她的婆婆不明所以地问她:"现在有鸡肉吃,你为何还不高兴呢?"乐羊子的妻子回答说:"我是因为自己没有侍奉好您才难过的,让您忍受贫穷,没有鸡肉吃以至于要吃别人家的鸡。"婆婆听了之后,觉得十分羞愧,最后将锅里的鸡肉倒掉了。

可是,当乐羊子终于学有所成、准备回家的时候,家里却传来妻子去世的消息。

当时,有一个强盗闯进乐羊子的家中,垂涎乐羊子之妻的美色,但怕乐羊子的妻子不从,就先将其婆婆抓了起来。乐羊子的妻子听到婆婆呼喊的声音,便拿着菜刀赶了出来,谁知强盗却要她做自己的老婆。乐羊子的妻子知道无法扭转强盗的想法,只好长叹一声,举刀自尽了。

乐羊子的妻子为了保全名节舍弃了性命。这件事被当地太守得知后,将强盗抓来正法,还为乐羊子的妻子举行了葬礼,并赐予她"贞义"的称号。

小知识

乐羊子妻,记录在《后汉书·列女传》中。乐羊子妻劝诫夫君做事不要半途而废,要维护高尚品德。

可怜佳人迟暮
——红颜薄命的甄宓

和曹家有关系的女人很多,最传奇的莫过于曹丕的妻子甄宓。

甄宓原本是袁绍的儿媳妇。当年曹操率军攻打袁绍,早已听闻袁绍的儿媳妇甄宓是一个绝色美人。等到一攻进幽州城,他就迫不及待地冲进了袁绍的后宅。

没想到,他的儿子曹丕抢先了一步。

乱世佳人似乎格外让人怜爱。曹丕初见甄宓的时候,她跪在地上,完全是一副蓬头垢面的样子,但这丝毫无损她的美貌,反倒是这幅楚楚可怜的模样让曹丕心动了。

相传,名画《洛神赋图》中洛神的原型就是甄宓。

曹丕爱她,娶她,宠她,但最后却杀了她。

为何杀她,这里面的原因有很多。甄宓从盛宠到失宠,虽然有曹丕登基后逐渐宠爱其他嫔妃的原因,但最重要的还是甄宓无法逃脱美人迟暮的规律。

甄宓到底有多美?当时民间有句话道明了她的姿容:江南有二乔,河北甄宓俏。

起初,甄宓和曹丕的婚姻还是很圆满的。他们俩郎才女貌,而且曹丕对她又是一见钟情。这时的甄宓可以说是得到了曹丕的专宠,不久她生下了一男一女。想来当时甄宓应该过得很开心。

曹丕称帝后,后宫佳丽三千,而美人甄宓却渐渐不敌岁月。要说美人最怕迟暮,这一点儿也不假。甄宓年纪一天天变大,曹丕的心也一天天从甄宓身上溜走。

曹丕的老婆人数越来越多,甄宓在曹丕心里的位置也就越来越轻。面对曹丕喜新厌旧,甄宓吃醋了。原本每天与自己花前月下的夫君,现今整日都在宠幸郭美人,甄宓守着空房心中难免五味杂陈。此时甄宓不仅仅是失宠,而且曹丕根本不想见到她,直接把她打发到邺城长久居住,根本不给她任何争取宠爱的机会。

甄宓是一位才女,她不像其他女子看到丈夫移情别恋就吵吵闹闹,她的表现方式十分有水平:写诗。

"蒲生我池中,其叶何离离。傍能行仁义,莫若妾自知。众口烁黄金,使君生别离。念君去我时,独愁常苦悲。想见君颜色,感结伤心脾。念君常苦悲,夜夜不能寐。莫以豪贤故,弃捐素所爱。莫以鱼肉贱,弃捐葱与薤。莫以麻枲贱,弃捐菅与蒯。出亦复苦愁,入亦复苦愁。边地多悲风,树木何翛翛。从君独致乐,延年寿千秋。"

平心而论,甄宓的诗还是很有水平的。可是曹丕哪里受得了甄宓这种怨言,加上郭美人对曹丕吹枕边风,最后,一杯毒酒彻底断送了甄宓的性命。

可怜的甄宓直到她的儿子曹睿登基后,才被追封为文昭皇后。

虽然名誉得以恢复,但甄宓的性命却再也挽救不回了,她留给后人的只有无尽的叹息。

第六章
政治夹缝里的文化绽放

废物利用的成就
——"蔡侯纸"的发明

蔡伦不是因为贫穷才入宫当太监的,而是因为祖上传下来的打铁技术。朝廷在桂阳郡设置铁官,作为当地著名铁匠的蔡伦因此结识了朝廷官员。

蔡伦除了打铁之外还有其他的爱好,像冶炼、铸造、种麻、养蚕,他都很有研究,更重要的是他还喜欢读书。

蔡伦也算是才华横溢,特长突出,加上和地方官员有点关系,入朝廷自然轻而易举。蔡伦18岁那年,遇到了人生的重大转机。这一年,负责京城到桂阳铸铁事务的官员向皇帝推荐了蔡伦,直接将他送进了皇宫做宦官。

至于蔡伦为何放弃家乡的小康生活而选择进宫侍奉皇室,常人可能难以理解。不过蔡伦的这种牺牲为他自己换来了功名利禄。

蔡伦初入宫时,只是被安排到皇宫旁舍嫔妃所居的掖庭当差。几年之后,积累了一些资历的蔡伦被调任小黄门,出入皇宫、传递诏令。

终于有机会接触皇室顶尖人物的蔡伦自然明白把握机会的重要性。于是,蔡伦趁着大将军窦宪出征之时,帮助和帝清除了窦氏外戚集团。

蔡伦忙了半生终于稳定了自己的位置,此时有和帝做后台,他终于可以安心投入自己的兴趣爱好了。当时,蔡伦兼任尚方令,掌管尚方,这是一个主管皇宫制造业的机构。于是,蔡伦又重拾老本行,开始在皇宫里面打铁。当时的皇宫作坊集中了天下的能工巧匠,代表那个时代制造业最高水平,这为蔡伦提供了一个极好的平台。在蔡伦监督下制作的刀剑等器物,"莫不精工坚密,为后世法"。蔡伦大幅改进了冶铁制作工艺,使之达到极高水平。比蔡伦晚34年出生的崔寔在《政论》中写道:"有蔡太仆之弩,及龙亭九年之剑,至今擅名天下。""蔡太仆""龙亭"指的都是蔡伦,他已成为兵器"品牌"。

后来,在打铁这一行如鱼得水的蔡伦认为铁匠事业没有挑战性了,就把目光转移到制纸工艺。

由于当时的造纸术所采用的都是上等材料,这限制了用纸的人群,更不利于纸质书写的推广。于是,蔡伦想该如何将造纸的材料成本降低。

蔡伦找来一群机灵的小宦官加入自己的造纸团队。接下来，蔡伦开始挑选树皮、破麻布、旧渔网等材料。等到材料备齐，蔡伦指挥小宦官们把材料剪碎统统丢进大水池里浸泡。水池里的材料慢慢腐烂后，原本的纤维物质就保留了下来。

蔡伦取得了纤维物质之后，再将这些纤维放在石臼当中，不停搅拌，直到将这些碎纤维搅拌为浆状物。最后一步就是把这些浆状物用竹竿挑起来铺到石板上晾干，等到这些浆状物干燥凝固后就变成了纸。

在一次次失败后，蔡伦终于制成了取材容易、来源广泛、价格低廉的新型纸。

蔡伦被纸工奉为造纸鼻祖，称为"纸神"

当蔡伦捧着用新型纸写的奏折，连同样品呈到和帝面前时，和帝简直吃惊极了，当即下令将蔡伦改造的新型纸推广至全国。

9年之后，当蔡伦制造的新型纸被全国认可使用后，和帝将蔡伦封为龙亭侯，食邑三百户。百姓们将这种纸称为"蔡侯纸"。

科学的集大成者
——"木圣"张衡

虽然在和帝时期,窦氏外戚把朝廷弄得乌烟瘴气,但这个时期也出现了张衡这个科学家。

17岁的张衡离开了南阳老家先后来到长安和洛阳求学,但他并未看到应有的学术氛围。天子脚下,净是些骄奢淫逸的王公贵族,年少朴实的张衡对此看不顺眼,他模仿班固的《两都赋》写出了批判长安的《西京赋》和批判洛阳的《东京赋》,合称为《两京赋》。

一心求学的张衡写完《两京赋》后,已经殚精竭虑了,在反复修改的过程中,他渐渐发觉自己并不适合进行文学创作,而是对数学和天文更有兴趣,研习起来也更轻松。

张衡写的《两京赋》虽然不像他理想中那么完美,但还是打动了急需人才的朝廷。于是,他被朝廷召进京城做官。

张衡画像

起初,张衡在宫中做郎中,他不是很满意,于是上书表示自己更喜欢研究天文。皇帝见张衡这个年轻人对学问研究如此执着,虽然不相信张衡能有多大的作为,但还是抱着考验一下他的态度,将张衡调任为太史令一职,特别命令张衡专门负责观察天文。

不得不说,张衡在天文上还是很有天赋的。没多久他就发现地其实不是方的,而是圆的;月亮的光芒不过是借助了太阳光的反射。不仅如此,张衡还大胆地把天地比喻为一个鸡蛋,认为天即蛋壳,地即蛋黄。为了验证自己的想法是正确的,张衡发明了一种借助水利转动来测量天文的仪器,名为"浑天仪",可以用于观察日升月落。这在当时可以说是很了不起的创举。

在东汉那个科学极不发达的年代，人们无法解释地震为何会发生，更别说知道地震的原理了。天灾发生了，当时人们没有解决的办法，只好求助于鬼神。一场地震，除了伤及百姓性命、财产外，还打击了百姓的精神。

据记载，在张衡精心的考察和记录下，终于，监测到地震发生的"地动仪"诞生了。

有皇帝的赞助，张衡的地动仪除了监测到地震发生，从外观上看来也很讲究。地动仪整体都用青铜铸造，看起来像一个酒坛。四周雕铸着八条巨龙，分别朝向八个方位。每条龙的嘴里含一颗小铜球，龙头下方分别对应八只纯铜的蛤蟆。

当地震发生时，龙头会吐出铜球，铜球掉进蛤蟆的嘴里，人们便能得知发生地震的方向。

不过，在地动仪造好的时候，没人相信这东西能监测地震。直到公元138年二月的一天，张衡突然看到地动仪正西方的龙嘴吐出了铜球，便立即上报西部可能发生了地震。

几天之后，朝廷接到奏报，陇西一带确实发生了大地震，连山都崩塌了。

这件事之后，人们才真正相信地动仪的作用。

小知识

张衡因发明过地动仪、浑天仪、指南车、计里鼓车、独飞木雕等仪器，他在北宋被徽宗追封为西鄂伯，被后世称为"木圣"。在现代，联合国天文组织于1970年将月亮背面一座环形山以张衡的名字命名，1977年，又将小行星1802命名为"张衡星"。

藏在朝廷的文学家
——断代史从此兴起

班固一家子都会写作，而且对历史都很有研究。班固的父亲班彪想要续写西汉司马迁的《史记》，可是就在他刚做好65篇西汉历史计划书后，便因病去世了。

班彪死后，班固子承父业。有现成的计划书，这对班固来说可以省去不少前期工作。于是，班固正式开始将自己的写作生涯投入史书创作中。

班固整理了父亲生前收集的史料，自己又研究了一番，初步确定了写作方向。不料刚进入写作状态的班固却碰上了翻旧账的事情。在班彪去世的第十一年，有人将班彪直接告到了皇帝面前，说班彪私自篡改国史。

班彪尸骨都已经风化，这时却被定了罪，那么只好父债子还，由班固来替班彪去坐大牢。

班固被抓起来已经影响了他的写作进度，谁知连他的史料、史作也一并被搜查没收了。这可毁了班固和父亲班彪两人的心血。

幸好，明帝是个文学爱好者。当班固的手稿被呈交给明帝后，他瞬间被班固的文章吸引住了。

这边班固身在大牢，生死难料，那边明帝拿着他的文章片刻不离手。等到明帝看完了班固所写的全部史作，这才想起来作者还被关在大牢里。

史学家班固画像

班固怎么也没想到，一次牢狱之灾竟然得到了明帝这个头号粉丝。

班固被释放出来以后，明帝希望还能继续看到班固写的文章，于是命班固出任兰台令史。不久又将他提升为典校秘书郎。此后，班固可以自由出入宫廷藏书处了。

有了皇家图书馆的资源，班固在数据搜寻上得心应手。不过，班固虽然有机会获取所需资源,但当了官的班固每天要抽出很大一部分时间应付政事。

就在班固苦于没有时间专心写《汉书》的时候,家乡传来了母亲去世的消息。按照汉朝制度,父母去世,官员要辞官归乡服表。班固回到家乡后,真正投入到《汉书》的写作当中。班固一写就是二十多年,眼看快要完成的时候,班固却又入狱了。

班固第二次入狱的原因仍然是有人翻旧账。大将军窦宪在朝的时候很赏识班固,曾让他为其在战争胜利后记录功绩,而班固所写的碑文"陵高阙,下鸡鹿,经碛卤,绝大漠"以及"骁骑三万,元戎轻武"都被刻在燕然山的石碑上面。这件事也成为班固是窦氏一党的罪证。

班固身陷牢狱,班家人想了很多办法最后也没能救出他。没过多久,班固就死在了狱中。班固死后,《汉书》剩余的部分由班昭和马续共同完成。

小知识

《汉书》是中国第一部纪传体断代史,"二十四史"之一。全书主要记述了上起西汉高祖元年(公元前206年),下至新朝王莽地皇四年(公元23年),共230年的史事。它彻底改变了秦汉以来的记史方式,对后世采用断代方式写史产生了深远的影响。

经学家的政坛风波
——马融剃发流放

经学家马融的出身很好,他的从祖是东汉开国功臣马援。有这样的先天条件,马融想要从事自己的学术研究自然不会太难。

虽然马融不想入仕途,却有人想要他做官。公元108年,大将军邓骘就请马融到自己身边做官。世家出身的马融可不在乎一官半职,因此,他直接拒绝了任命。然而,马融也并没闲着,他住在凉州的武都、汉阳二郡间,每天潜心研究经学,日子过得十分惬意。

正当马融在一心研究经学时,外面却传来羌乱的消息。此时的马融,不仅每天要忙着逃难,还要忍受饥饿和寒冷。

这时候,马融对他的朋友说:"古人有言'左手据天下之图,右手割其喉,这种以名害生的事,愚夫也不干'。这是为什么呢?生是最可贵的。现在为了怕乡曲之士耻笑,使无价的身体受到摧残,这不符合老庄的道理。"马融发完了牢骚,就写信给邓骘表示自己想要为朝廷效力。邓骘仍然珍惜马融这个人才,便答应了他。

东汉著名经学家马融画像

马融刚入朝廷的时候,由于没有政治经历,而被任命为校书郎,被派到东观典校秘藏书籍。但是马融在看到朝廷重文轻武时生了很久的闷气。

时间久了,马融的直性子就再也藏不住了。面对日益衰败的朝政,马融写了一篇讽刺朝廷的《广成颂》,这可得罪了当朝的邓太后。这件事直接导致马融被调到东观,十年不得升迁。

可是马融的性子哪里是一次被贬就能够改变的。在他侄子去世时,马融请罪回家。邓太后知道后,再次大怒,痛斥马融不守朝廷的法度,下令禁止马融做官。

马融只能再次回家研究他的经学。直到公元121年邓太后去世,他才被召回京城继续做官。

马融重新回到朝廷后,并没有改掉自己的毛病,这令他的仕途浮浮沉沉。

大将军梁冀掌权时,派相关部门以贪污罪将马融抓了起来,把他的头发剃光,发配到边疆去服刑。

马融这次被梁冀整治了一番,心里虽然委屈,却无处申冤,想到自己流落至此,一时想不开竟然选择自杀。好在被人救回,马融才得以保命。

不过马融也因为自杀一事被梁冀原谅了。等再次回到朝廷,马融再也没有昔日的个性了,他不敢触怒权贵,面对梁冀的跋扈行为,还讨好地写了一篇《西第颂》来歌颂梁冀。因此经学家马融成了士人们的笑柄。

小知识

据《世说新语》记载,马融有个学生叫郑玄,他在马融门下三年也没能见到马融,但是郑玄在经法演算上却比马融厉害很多。由此,郑玄遭到了马融的嫉妒。在郑玄学业完成辞别回家时,马融担心郑玄将来会超过自己,就派人追杀郑玄。早料到马融会如此行动的郑玄于是走到桥下,在水里垫着木板鞋坐着。当马融使用旋转盘占卜郑玄的踪迹时,发现郑玄此时是"在土下、水上,靠着木头"。因此,马融断定郑玄已死,便不再追杀他,郑玄这才免过一难。

留下一句座右铭
——崔瑗的一生

父亲崔骃离世的那年,崔瑗不过 14 岁。虽然崔瑗并不是家中长子,但父亲生前对他寄予的希望一点儿也不比他哥哥崔章少。

崔瑗记得,父亲生前对他说的话:"子玉早孤,锐志好学,尽能传其父业。"子玉正是崔瑗的字。在父亲心里,崔瑗始终都是自己唯一期望的继承人。可是崔瑗没能建立功业,父亲就已经撒手人寰,这对崔瑗来说始终是一个遗憾。

当时,崔瑗没有父亲的庇护,而大哥对他又心生隔阂。在这种孤独的成长环境中,崔瑗年纪轻轻就学会了独立谋生。

年少的崔瑗在求学路上既漂泊又艰难。到了崔瑗 18 岁这年,已经熟读经书的他决定外出求学,同时也为了看看这个世界。

终于,他来到了贾逵的身边。虽然此时贾逵已经年过 60,但在崔瑗看来,只有贾逵才配得上"大家"的称号。

史书对贾逵有这样的评价:"自为儿童,常在太学,不通人间事。"这正说明贾逵自幼就是块读书的料儿,而贾逵的一生也始终以学问相伴,先后在明帝、章帝,以及和帝三位皇帝身边任过官职,这个三朝元老可以说是当时天下儒学造诣最深厚的学者了。

崔瑗得到了贾逵的指点,学问进步迅速。在求学期间,崔瑗又结交了扶风马融以及南阳张衡两位好友。既有名师谆谆教导,又有益友朝夕相伴,这段时间可以说是崔瑗一生中最快乐的时光。在与老师和朋友的相处中,崔瑗更加深入地认识了社会。

可是,就在崔瑗前景十分美好之际,他接到了哥哥崔章被州人杀害的消息。

崔瑗立刻上报官府,而地方官员对此事的审判却是一拖再拖。崔瑗等了又等,始终无法看到凶手被绳之以法。于是,崔瑗采用了一种极端的方法解决这件事情。

以崔瑗的才华和品行本足以成为文学大家。可是造化弄人,因为替哥哥报仇,崔瑗将自己推向了亡命天涯的道路。

正当崔瑗的师友惋惜他的不幸,他自己也做好了逃亡准备的时候,命运却眷顾了他。

这年,朝廷大赦天下,崔瑗也得以赦免。虽然崔瑗终于可以回家了,但经过这次事情之后,他的人生轨迹慢慢发生了变化。

这时的崔瑗开始认真地反思过往的经历。当崔瑗再回忆起父亲生前对自己的期望和教导时,他觉得自己辜负了父亲的厚望。

于是,他将对自己前半生的反思记录成铭文,放在自己座位的右侧。这样,每当崔瑗内心困惑迷惘的时候,只要看看座位右边的铭文,就能够找回原来的动力,时时刻刻以铭文勉励自己。

这段铭文是这样的:"无道人之短,无说己之长。施人慎勿念,受施慎勿忘。世誉不足慕,唯仁为纪纲。隐心而后动,谤议庸何伤?无使名过实,守愚圣所藏。在涅贵不缁,暧暧内含光。柔弱生之徒,老氏戒刚强。硁硁鄙夫介,悠悠故难量。慎言节饮食,知足胜不祥。行之苟有恒,久久自芬芳。"

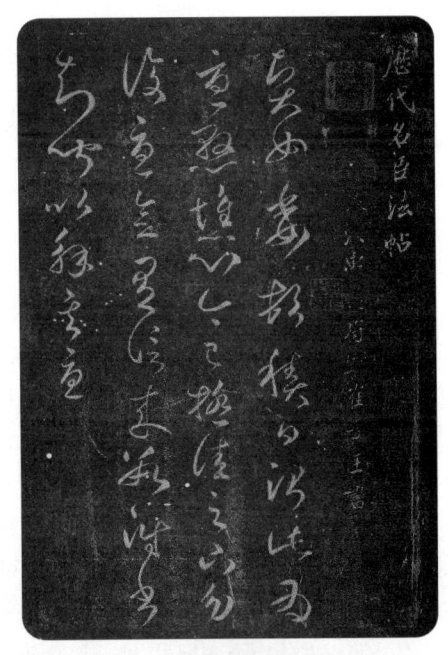

《贤女帖》(选自《淳化阁帖》),崔瑗书

此后,世人都以座右铭来标榜自己的行动指南,以示鞭策。

> **小知识**
>
> 崔瑗,东汉著名书法家,尤善草书,师法杜度,时称"崔杜"。他是中国历史上第一个被尊称为"草圣"的书法家。三国时魏人韦诞称其"书体甚浓,结字工巧",即书体非常浓密,结字精致美妙。

中国有了"汉字学"
——许慎"说文"又"解字"

公元121年八月的一天,在通往洛阳的大道上,一辆马车正急速前进着。车里的年轻人是许慎的儿子许冲,车上装的是许慎多年的心血《说文解字》。此次许冲的任务是要将病重的父亲所完成的巨著献给皇帝。

此时的许慎躺在老家的病榻上,对于皇帝是否能够认可《说文解字》并不确定,但能够完成这部著作,许慎很欣慰。

许慎年轻时曾跟随文学家贾逵学习,当许慎询问老师贾逵为何同样的经书典籍要分为"古文经"和"今文经"两派研究时,贾逵告诉他这样一件事:

"当年秦始皇焚书坑儒,《诗》《书》《礼》《易》《春秋》《论语》这些先秦典籍都被烧毁了,直到汉武帝施行'罢黜百家,独尊儒术',过去的经书靠后人的记忆得以用隶书记录下来,这类经书被称为'今文经'。而后来从地下或者墙壁里挖掘出来的古书,由于是使用春秋战国时期的不同文字记录的,因而被称为'古文经'。追根究底,无论是古文经还是今文经,所记载的内容其实大致是相同的,然而在不同的时期受到不同字体的限制,所以才出现了两个学派。"

许慎画像

在贾逵心中,文字是记录语言、传递信息的工具,只有将文字固定下来,并加以明确释义,才能使典籍更容易被研习探究。

不得不说,贾逵真的是一位好老师,在许慎心中,对老师的想法也时常铭记着。久而久之,许慎萌生了编纂一本统一文字结构、读音和意义的字书。

许慎有了这个想法后,更加积极地向老师贾逵学习知识,同时也有系统地研究六书理论。不仅如此,为了能够拓宽自己的文字知识,许慎还找来了许多上古时期的宗教、文化、政治、经济等各个方面的书籍,在大量的阅读中,逐一分析每个字的准确意义。在遇到有疑难的时候,许慎还要翻阅典籍,或请教其他有学识的人。

就这样,许慎开始有了初步的写《说文解字》的计划。他希望能通过《说文解字》告诉人们汉字的构造其实是有规律可循的。汉字自产生以来,每个字其实都有自己独一无二的字形编排、构形分析,以及释义、注音和来源,这些都需要许慎加以探究。虽然在许慎编纂的过程中,有很多学者为他提供了帮助,甚至连皇帝都亲自问许慎进度如何,但是编纂《说文解字》毕竟是一个非常大的工程,许慎一写就是30年,其间为了能专心写书他还辞了官。

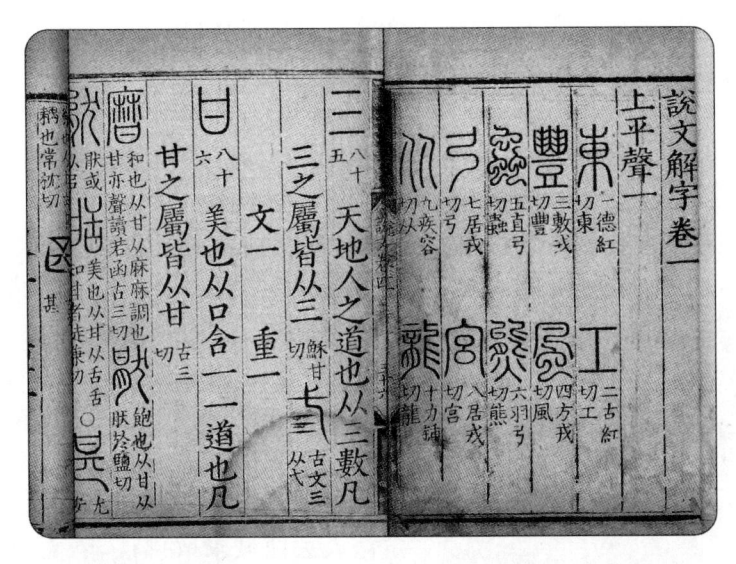

《说文解字》古刻本

当许冲的马车抵达洛阳时,整个洛阳城都沸腾起来。城内的达官贵人、学者名士纷纷来到许冲的住处,希望能够看一眼这部承载着中华文化的《说文解字》。此时当政的汉安帝得知此事后,立即召见了许冲。

可是,由于许慎在解释"窦"字时并没有避当时窦太后姓氏的讳,致使他辛苦大半生的著作只换来四十匹布的奖赏,但《说文解字》还是以其固有的魅力和价值震惊了全国。而《说文解字》对后世的影响,恐怕许慎自己都未曾想到。

夜梦金人向西去
——佛教传入中国

说到佛教在中国的起源,要从一个梦开始说起。

公元64年,此时当政的汉明帝做了一个奇怪的梦。梦中的汉明帝独自站在宫殿中,忽然看到一位身材高大、光环围绕的金色天神降临。然而当汉明帝想要和天神说话时,他却忽然转身向西边飞去了。

第二天醒来,汉明帝仍然放不下梦中的景象,不断回味梦中的情形。他想知道这个梦有什么寓意,于是,就在早朝上向群臣说出了这个梦境,并询问哪位大臣能够解释梦中的金人是何许人,以及金人向西去的意义。

这时,太史傅毅站了出来。他对汉明帝说:"西边天竺有位修道成佛的人,被称为佛陀。佛陀身高丈六,遍体散发着金光,而且可以随意飞驰。我想陛下梦中所见的正是佛陀了。"

有了傅毅的解释,汉明帝对梦中景象终于有点释怀。可是接下来,汉明帝又对佛陀产生了更大的好奇。汉明帝心想,既然佛陀入梦,必然对我有所指示。于是,汉明帝决定派人去西域求取佛法,看看佛陀到底有什么启示。

在汉明帝的安排下,汉朝终于有了第一次"西天取经"。被派出的使臣沿着丝绸之路北道走出玉门关,再沿着塔里木河向北经过龟兹、疏勒。在没有准确坐标的指引下,他们一路沿着错误方向向西寻找西域的佛法。好在当时佛法已经流传很广,虽然使臣走了不少冤枉路,最后还是走到了大月氏。

汉朝的使臣到了大月氏首先遇到了两位印度僧人:迦叶摩腾和竺法兰。使者得知

佛陀灵鹫山说法图

这两位高僧对佛法有极深的研究，当即表示希望能够请两位高僧到洛阳面见皇帝，帮助汉朝传扬佛法。

迦叶摩腾和竺法兰了解了使者的意图后，很爽快地答应了使者的要求。于是，中国终于出现了最早的佛经和佛僧。

当汉明帝得知使者不仅带回了高僧而且还带来了佛陀的木像后，表示希望能看一看佛陀的真容。谁知汉明帝一见到木像当即大吃一惊，木像竟然与他在梦中见到的天神一模一样。

白马寺是佛教传入中国后兴建的第一座寺院，有中国佛教的"祖庭"和"释源"之称。

这下汉明帝坚信那个梦境是佛陀对自己的启示。

汉明帝受到佛陀的指引，开始请迦叶摩腾和竺法兰在洛阳翻译佛经，并将佛法指派给各地学习传授。为了表示对佛陀的尊敬，汉明帝命人兴建起中国第一座寺院——白马寺。

此后，在汉明帝的倡导下，佛教在中国的影响力开始慢慢扩大，佛教徒也越来越多。

小知识

东汉末年，军阀袁绍为了防止百姓逃往洛阳，就将以洛阳为中心方圆二百里内的房屋全部烧光，白马寺也因此被烧毁。直到公元220年，曹丕在许昌称帝，才下令在洛阳废墟上重建白马寺。

老师也有年轻时
——贾逵隔篱偷学

崔瑗、许慎在年轻时慕名请求做贾逵的学生,可想而知,他有多了不起。

在当时人们十分看中世家出身,像贾逵那种无权无势的家庭想要培养出一个高官名士可以说是痴人说梦。无论是购买书籍还是请先生教书,都是一笔很大的开销,更何况贾逵的家庭一贫如洗。贾逵的家庭贫穷到什么地步呢?即便在最寒冷的冬天,贾逵也只能穿着单衣过冬,一件保暖的棉衣对于贾逵来说都是奢侈品。

然而,正是在这种贫苦的条件下,小小年纪的贾逵却已经能够背诵经书了。当贾逵15岁的时候,他已经成为闻名乡里的小老师,很多名门子弟都主动来向贾逵求教学习。

此时的贾逵虽然会帮名门子弟答疑解惑,但他并没有真正收过徒弟,他也从来没有想过自己以后会成为全国数一数二的学者,更不会想到自己将来的徒弟个个都成就非凡。

贾逵画像

贾逵自小聪慧,即便如此,他的求学之路还是很令人惊叹的。在贾逵4岁那年,他的父亲就去世了,全家的重担都落在他的母亲身上。一个丧夫的女子要维持全家的生计,只能靠替别人缝洗衣服来赚取生活费。贾逵不但时常过着吃了上顿没下顿的日子,而且还难以得到母亲的照顾。此时,就连他的姐姐也因为婆家嫌弃她不能生育而将她休了。不过,姐姐却因此成了贾逵的人生导师。

4岁的贾逵整天跟在姐姐身旁。姐姐为了教育贾逵,经常告诉他一些古人的故事。每次讲完以后,贾逵都会继续要求姐姐再多讲一个故事,可是姐姐毕竟学问有限,她哪里有那么多的故事说给贾逵听呢?于是,姐姐想到了一个办法。家对面

学堂的老先生每天都会讲课,而学堂外面的篱笆墙离学堂很近,姐姐便抱着贾逵在篱笆墙外偷听老先生讲课。

从此以后,每当老先生上课,姐姐都会抱着贾逵去偷偷听课。渐渐地,贾逵长大了,他便自己抱着板凳站在篱笆墙外独自听课。

谁也没想到,小小年纪的贾逵竟然如此有毅力,无论刮风还是下雨,贾逵都会坚持到篱笆墙外听老先生讲课,从来没有间断。夏日炎炎时,贾逵顶着酷暑;大雪纷飞时,贾逵忍受严寒。即使姐姐心疼贾逵拉他回家,贾逵也一定要听完老先生讲课才肯回去。

贾逵正是在这种艰苦的条件下坚持学习的,而贾逵对于老先生所讲的内容都是过耳不忘。到了贾逵十多岁时,他的学问已经远远超过二三十岁的读书人了。

后来,贾逵又想到以树皮做纸书写文章。经过多年的勤学苦练,他最终成了赫赫有名的文学大家。

小知识

"舌耕"指靠口舌来谋生,比如教书和说书人。贾逵开门授徒,讲授经文,学生们用粮食代替学资,向他捐赠的粮食装满了粮仓。所以有人说,他不是在用体力耕种,而是世人所说的"舌耕"。